Direito & Rock

O BRock e as expectativas normativas da Constituição de 1988 e do Junho de 2013

0843

Conselho Editorial
André Luís Callegari
Carlos Alberto Molinaro
Daniel Francisco Mitidiero
Darci Guimarães Ribeiro
Draiton Gonzaga de Souza
Elaine Harzheim Macedo
Eugênio Facchini Neto
Giovani Agostini Saavedra
Ingo Wolfgang Sarlet
Jose Luis Bolzan de Morais
José Maria Rosa Tesheiner
Leandro Paulsen
Lenio Luiz Streck
Paulo Antônio Caliendo Velloso da Silveira
Rodrigo Wasem Galia

S399d   Schwartz, Germano.
       Direito & rock: o BRock e as expectativas normativas da Constituição de 1988 e do Junho de 2013 / Germano Schwartz. – Porto Alegre: Livraria do Advogado, 2014.
       156 p. ; 23 cm.
       Inclui bibliografia e anexos.
       ISBN 978-85-7348-902-6

       1. Direito - Brasil. 2. Rock. 3. Brasil. Constituição (1988). 4. Democracia. I. Título.

CDU 34:78(81)
CDD 340

Índice para catálogo sistemático:
1. Direito: Rock: Brasil   34:78(81)

(Bibliotecária responsável: Sabrina Leal Araujo – CRB 10/1507)

Germano Schwartz

Direito & Rock

O BRock e as expectativas normativas da Constituição de 1988 e do Junho de 2013

livraria
DO ADVOGADO
editora

Porto Alegre, 2014

© Germano Schwartz, 2014

Projeto gráfico e diagramação
Livraria do Advogado Editora

Revisão
Rosane Marques Borba

Imagem da capa
Stock.xchng

Direitos desta edição reservados por
Livraria do Advogado Editora Ltda.
Rua Riachuelo, 1300
90010-273 Porto Alegre RS
Fone/fax: 0800-51-7522
editora@livrariadoadvogado.com.br
www.doadvogado.com.br

Impresso no Brasil / Printed in Brazil

Inspiration is what you are to me
Inspiration, look to see

And so today, my world it smiles
Your hand in mine we walk the miles

(*Thank You – Led Zepellin*)

À Valentina Costa Schwartz.

Prefácio

Too Old To Rock 'n' Roll: Too Young To Die

A letra da música que intitula o clássico álbum da banda de rock progressivo britânica *Jethro Tull* narra a história de um roqueiro de idade avançada em crise existencial. Os seus cabelos longos e as suas roupas fora de moda denunciam o mal-estar de alguém que parece viver na sombra de um passado idílico. Seus amigos, casados e com filhos, *"venderam suas almas"* e estão normalizados: compraram carros esporte e se encontram aos domingos, no clube de tênis, para beber, única diversão possível antes de retornar às suas vidas burocráticas na segunda-feira. Na melodia entoada por Ian Anderson, os velhos companheiros estão cumprindo uma espécie de pena.

O interessante da letra, porém, é que todos os personagens estão velhos demais para o *rock and roll* e jovens demais para morrer: seja o velho roqueiro que permanece fiel ao seu estilo de vida; sejam os senhores da meia-idade que converteram os seus valores às expectativas do senso comum.

Embora a letra seja uma ácida resposta de Anderson aos críticos que não haviam compreendido a produção artística da banda na fase posterior aos dois álbuns monumentais de 1971 e 1972 (*Aqualung* e *Thick as a Brick*, respectivamente) – resposta que se mostrou extremamente adequada pela criativa e longeva história do *Jethro Tull* –, apresenta, de forma bastante contundente, a representação social do papel do rock desde meados do século passado.

Na primeira fase, nos anos 50, quando o *rockabilly* se descola do country e do blues, Elvis Presley e Jerry Lee Lewis vinculam no imaginário o estilo *rocker* aos valores *rebeldia* e *juventude*. É o gérmen das culturas *teenager* e pop. Culturas que se confundem com o próprio estilo musical. Com a invasão britânica na década de 60, sobretudo com o fenômeno *The Beatles*, esta associação não apenas fica ainda mais evidente como o rock se consolida como o principal veículo de expressão do inconformismo e das angústias da juventude. Angústias, naquele momento, fundamentalmente associadas aos dramas amorosos que brotam com a descoberta da sexualidade e aos conflitos cada vez mais agudos entre as gerações.

Mas esta primeira fase romântica é atropelada pela contracultura no final dos 60 e o rock, e respondendo positivamente a um chamado da política através dos movimentos sociais, perde a sua ingenuidade *teen*. Os movimentos de luta pelos direitos civis na Europa, nos Estados Unidos e na América Latina – diversamente mergulhados em suas especificidades geopolíticas – encontram no rock um ritmo visceral e apaixonante para embalar as utopias de liberdade e de igualdade, de paz e amor. A consciência política da contracultura *beat* renasce no ideário *hippie*. A exposição das crises e dos sintomas sociais é reverberada pelo som estridente da crítica traduzida na música.

A politização de uma forma de manifestação artística popular como o rock possibilitou retirar parte da crítica social do gueto acadêmico e dos espaços sofisticados de construção da vanguarda intelectual. A partir do final da década de 60, nos países ocidentais, o rock assumirá um papel fundamental na desconstrução dos valores morais que edificaram e consolidaram a violência como principal meio de legitimação dos poderes. Assim como nos discursos acadêmicos de vanguarda, na linguagem viva do rock, neste instante já qualificado como música popular, encontramos a denúncia das inúmeras formas de violência (re)produzidas na e pela cultura ocidental: a violência da marginalização imposta pela estrutura político-econômica do capitalismo industrial e, posteriormente, financeiro; a violência da seletividade genocida dos aparelhos repressivos do Estado; a violência de gênero traduzida pela ordem patriarcal; a violência homofóbica refletida na racionalidade heteronormativa; a violência racial que se institui na presentificação cotidiana do preconceito; a violência ambiental decorrente da adoção de um estilo de vida altamente consumista e pouco sustentável. Enfim, violências que são praticadas dia a dia, ininterruptamente, contra pessoas e grupos vulneráveis.

No volume estridente das guitarras distorcidas e na linguagem crua das poesias transformadas em letras de música, estas várias formas de violências são desnudadas, notadamente porque o rock irá apontar, sem quaisquer subterfúgios, o sujeito que detém o poder de comando: o *"macho adulto branco"*, ator social que produz e institui os valores morais que entendem que *"o certo é louco tomar eletrochoque"* e que o certo é *"riscar os índios, nada esperar dos pretos"* (Caetano Veloso, O Estrangeiro).

Mas após esta fase radicalmente revolucionária dos anos 60 e 70, uma questão passou a ser constantemente enfatizada por aqueles que acompanham com uma perspectiva razoavelmente cética ou relativamente crítica o *show business*: o rock não teria sido consumido pela indústria cultural? Aquilo que se passou a denominar como pop rock, notadamente nos anos 80, não representaria uma espécie de cooptação do estilo e normalização do inconformismo? O fenômeno de ruptura não foi inserido na lógica da sociedade de consumo, transformando a própria rebeldia em uma *commodity*?

Não estariam, neste cenário "pós-crítica contracultural", representadas aquelas duas figuras narradas na canção do *Jethro Tull*? O velho roqueiro, fiel a uma causa intempestiva, e o ex-roqueiro, que adere ao mercado e vê como ingênuos os valores da adolescência, não seriam duas imagens sutilmente adequadas aos valores do mercado publicitário da indústria cultural?

É inegável que a perspectiva contestatória que guiou o rock nos anos 60 e 70 foi atravessada pela crise dos anos 80, situação que gera um ambiente de *décadence* sem nenhuma *élégance*. Pense-se, p. ex., em termos puramente estéticos, no processo de regulação da crítica que a indústria da moda produziu com o punk, criando a grotesca noção de "punk butique" que representa, em realidade, uma contradição insanável.

No entanto duas questões são fundamentais para que possamos compreender e rediscutir este *ethos* crítico do rock na cultura contemporânea: a primeira é a de que todo o pensamento crítico viveu uma profunda crise nos anos 80 e 90 – crise representada, de forma real e simbólica, pela queda do Muro de Berlim e, em consequência, pelo "fim das utopias"; a segunda é a de que assim como as demais manifestações culturais, inclusive as pautas políticas dos movimentos sociais, o rock dos anos 80 e 90 se fragmentou em uma série de movimentos descontínuos.

Todavia, apesar de ser impossível visualizar uma unidade nos inúmeros movimentos que caracterizaram e caracterizam o rock das últimas décadas, em decorrência desta ambígua e deliciosa heterogeneidade, é possível afirmar que muitos deles mantiveram uma perspectiva bastante consciente em relação à crítica social, traduzida de forma ética e estética. Lembre-se, p. ex., a melancolia do cotidiano narrada pelos grupos do *underground* pós-punk, na década de 80

(*Joy Division*, *Bauhaus*, *Echo & the Bunnymen*) e a angústia descontrolada e suicida vociferada pelas bandas do movimento *grunge*, na década de 90 (*Nirvana, Pearl Jam, Alice in Chains, Stone Temple Pilots, Soundgarden*). Lembre-se, igualmente, da contundente adesão de inúmeras bandas, a partir do anos 90, ao ativismo ecológico e político – do ícone norte-americano *Rage Against the Machine* à recente exposição da banda feminista russa *Pussy Riot*.

Em solo nacional, destacam-se as experiências incríveis de fusão do rock com manifestações musicais regionais, como o incomparável movimento manguebeat de Recife; a interação visceral de rock com samba, reggae, rap e MPB por grupos como *O Rappa* e *Planet Hemp*; a tradução tupiniquim do rap, com ácida crítica social proferida, dentre outros, pelos *Racionais MCs*, *MV Bill*, *Sabotage*, *Criolo*, *Emicida*, *Thaíde*, *Rappin Hood*. Em todos esses experimentos, as situações de violência vividas pelas populações marginalizadas e pelos grupos vulneráveis configuram-se em temas centrais das letras.

Assim, para além das eventuais e inevitáveis normalizações, é possível dizer que o rock, como movimento, de uma forma ou de outra, segue como *"um desmascaro, singelo grito"*, procurando demonstrar que *"o rei está nu'"* – *"mas eu desperto porque tudo cala frente ao fato de que o rei é mais bonito nu"* (Caetano Veloso, *O Estrangeiro*).

2. Em setembro de 2011, eu, Moysés Pinto Neto, Marcelo Mayora e José Link participamos de um evento organizado pelo Centro Acadêmico André da Rocha (CAAR), na Faculdade de Direito da Universidade Federal do Rio Grande do Sul (UFRGS), intitulado *"Criminologia Cultural e Rock"* – o seminário foi um desdobramento de um minicurso que o Moysés havia ministrado no ano anterior sobre *"Criminologia e Rock"*. O interesse dos alunos na intersecção entre "ciência" (criminológica) e arte (rock) possibilitou que o evento fosse replicado em várias outras instituições de ensino do Rio Grande do Sul entre 2011 e 2012 (Universidade Federal de Santa Maria, Universidade Católica de Pelotas, Fundação Universidade de Rio Grande, Universidade de Passo Fundo, Universidade Luterana do Brasil, Pontifícia Universidade Católica do Rio Grande do Sul).

Em paralelo, ainda em 2011, com o Felipe Cardoso Moreira de Oliveira e o Moyses, sob a produção do jornalista Fernando Rotta Weigert, criamos um programa na *web* intitulado *"Criminologia de Garagem"* (http://criminologiadegaragem.blogspot.com/). A ideia era a de criar uma plataforma para debate de temas e problemas criminológicos a partir da interação com o rock. Foram gravados quatro programas e o projeto encontra-se atualmente em suspenso.

No final de 2011, os textos apresentados no evento da UFRGS originaram a coletânea *"Criminologia Cultural e Rock"*, publicada pela editora carioca Lumen Juris. O livro encontra-se esgotado, mas disponível gratuitamente para *download* em inúmeras plataformas universitárias, inclusive no Academia.edu (http://ufsm.academia.edu/salocarvalho).

O leitor pode notar, portanto, que nos últimos anos foram inúmeras as iniciativas acadêmicas que procuraram realizar o diálogo entre Criminologia e Rock.

Desde o princípio, em todos os eventos nos quais tive a oportunidade de participar, o Germano Schwartz sempre esteve presente (física ou virtualmente) como um interlocutor privilegiado. Mais do que um interlocutor, o Germano abraçou o projeto e o impulsionou, de forma virtuosa, em inúmeras outras promoções, como as edições do seminário *"Direito, Guerra e Rock"*, em 2010 e 2011, na Faculdade de Direito da Serra Gaúcha, em Caxias do Sul, e o *workshop "Direito & Rock"*, na linha *"Direito e Representações da Sociedade na Arte"*, no II Congresso da Associação Brasileira dos Pesquisadores em Sociologia do Direito (ABRASD), realizado em 2011, na FADERGS, com continuidade no III Congresso realizado em 2012, na Universidade Federal do Paraná.

Mas a nossa aproximação é anterior às atividades acadêmicas relatadas.

Conheci o Germano através da Renata Almeida Costa, quando ainda namoravam, ou seja, muito antes da possibilidade de sonhar que um dia este instigante livro pudesse ser dedicado à Valentina Costa Schwartz. A Renata, querida amiga e ex-aluna da Especialização em Ciências Penais da UFRGS e do Mestrado em Ciências Criminais da PUCRS, iniciou sua carreira acadêmica como professora da Faculdade de Direito da Universidade de Passo Fundo (UPF). Naquele período, meados da primeira década dos anos 2000, a Renata organizou, com outro grande amigo, o ex-colega de Faculdade, Luís Fernando Pereira Neto, um curso de Especialização em Direito Penal, ao qual fui convidado a lecionar.

Duvido que possa estar pecando pela memória, mas a lembrança mais remota que tenho de contato com o Germano foi a de uma troca de saudações na sala dos professores, na antiga sede da UPF, e, posteriormente, de uma janta. Após as aulas da Especialização – provavelmente uma disciplina sobre "Garantismo Penal" –, como de praxe, os Coordenadores do Curso (Renata e Luís Fernando), juntamente com o Coordenador da Faculdade (Germano), convidaram o professor colaborador (eu), para jantar. Ocorre que ninguém sai impune de um evento social no qual se encontram um pesquisador que trabalha com Sociologia do Direito e outro que investiga Criminologia, ambos apaixonados por hard rock, ambos ambientados na região central do Rio Grande do Sul durante os anos 80. As inúmeras referências culturais, especialmente sonoras, criam vínculos inexplicáveis. Em especial pelo fato de o Germano, na sua adolescência em Cruz Alta, ter sido fã de uma das grandes bandas do interior do Rio Grande do Sul, do final dos anos 80 até meados dos 90, a santa-mariense Fuga, na qual tive o privilégio de trabalhar, como *roadie crew*, na sua fase inicial até o lançamento do *long play* de estreia.

Como o leitor pode imaginar, esta referência histórica foi suficiente para estabelecer um laço que não apenas se projetou para o futuro e dura até hoje, mas um vínculo que retrocedeu ao passado, embora em nossa adolescência não tenhamos convivido. De uma hora para outra, tinha um "novo amigo das antigas", como se diz aqui na Província.

Como é possível imaginar, a partir deste momento, passei a acompanhar com alegria e curiosidade e a admirar a carreira acadêmica do Germano. Professor sério e habilidoso, investigador extremamente dedicado às suas atividades de pesquisa, dotado de uma ética "espartana" na forma de conduzir questões delicadas. Germano é, acima de tudo, um acadêmico, no sentido mais virtuoso que este qualificativo possa ser empregado, notadamente neste momento de agudização da crise na academia nacional.

Mas para além das qualidades acadêmicas, Germano é um roqueiro, apaixonado por hard rock, fã incondicional de Deep Purple.

3. Conforme sempre menciono nas minhas falas do *"Criminologia Cultural e Rock"*, nos anos 80, em Santa Maria, eu era (re)conhecido como *"o cara que tinha todos os discos do Led"*. Na época, tentem compreender, embora seja difícil em uma época de *downloads* de MP3 em alta velocidade, isto era motivo de orgulho, representava um *status* entre os iniciados do mundo do rock.

A minha preferência musical pelo Led Zeppelin é conhecida pelo Germano – inclusive é motivo de algumas pequenas rixas, típicas da tradição que envolve a cultura roqueira. Por este motivo é possível imaginar a minha alegria ao ver, na abertura do livro, a dedicatória de *"Thank You"* para a Valentina. Aliás, fico curioso pensando no tipo de música que a Valentina e a Inês irão escutar na sua juventude. Será que seremos competentes o suficiente para saber introduzi-las no velho rock and roll? Ou já estaremos velhos demais para o rock?

Penso que o livro do Germano procura problematizar exatamente estas angústias que se refletem no ambiente familiar micro (preferências musicais da Valentina e da Inês) e que se projetam nos novos cenários e nas novas expectativas culturais da sociedade em rede.

Germano foi muito feliz ao analisar o rock de protesto produzido no Brasil durante a Ditadura Civil-Militar, preciso ao demonstrar a ruptura nos anos 80 e bastante crítico ao desenhar o cenário musical na reconquista, ao menos formal, da Democracia. Mas o que nos interessa é o agora: em quais experiências culturais a Valentina e a Inês irão mergulhar? Quem é o jovem das Jornadas de Junho? Como esta juventude se organiza? O que desejam? De que forma expressam suas inconformidades?

Ainda em meio aos protestos de Junho de 2013, na fria noite do dia 02 de julho, okupamos (eu, Germano e outros amigos) a Praça da Matriz, no centro de Porto Alegre, para debater as manifestações. *"Política, Ativismo, Resistência"* foram os principais temas abordados. A experiência das Jornadas de Junho renovou o debate sobre as formas de intervenção (na) política, fez com que os protagonistas da "velha política partidária" e os mandatários da "grande mídia" percebessem que novos atores, que pareciam inexistir, emergissem com uma energia nova (ou renovada).

Qual o papel do rock nesta nova configuração política? O que este estilo significa para a juventude das Jornadas de Junho? Há espaço para que o rock retome sua capacidade desconstrutora? O Direito esgotou as possibilidades subversivas do rock? Estamos velhos demais para o rock e jovens demais para morrer?

Esses temas/problemas são questões que movem Germano neste intrigante trabalho. O leitor não precisa concordar com as suas conclusões – sobre algumas eu ainda estou refletindo; sobre outras tendo a discordar. Todavia é inegável dizer, como não seria outra a expectativa de quem acompanha a trajetória acadêmica de Germano, que há uma inabalável coerência nos argumentos, uma desconfortante precisão nas perguntas e um profundo conhecimento do cenário exposto.

Excelente encontrar textos como "Direito & Rock" em uma época em que a racionalidade atuarial e burocrática domina o saber jurídico e, consequentemente, mina/obstrui qualquer possibilidade de desenvolvimento de um pensamento criativo e inovador. São textos como este que permitem oxigenar o debate e acreditar, ainda, na possibilidade de um discurso jurídico não ortodoxo.

Grande livro. Parabéns ao autor pelo trabalho, à editora pela aposta e aos leitores pela escolha.

> Hey hey, my my
> Rock and roll can never die
> There's more to the picture
> Than meets the eye.
> Hey hey, my my.
>
> Out of the blue and into the black
> They give you this, but you pay for that
> And once you're gone, you can't come back
> When you're out of the blue and into the black.
>
> The king is gone but he's not forgotten
> Is this the story of Johnny Rotten?
> It's better to burn out than to fade away
> The king is gone but he's not forgotten.
>
> My my, hey hey
> Rock and roll is here to stay
> Hey hey, my my
> Rock and roll will never die
> [Neil Young, Hey Hey, My My (Into The Black)]

Ao fim resta em mim apenas este último desejo, representado no grito mudo de Neil Young como um manifesto desbotado distribuído por um velho roqueiro, desiludido com a colonização da academia pelos burocratas, jovem demais para morrer e que vive no caos de um museu sem grandes novidades.

Strada Maggiore, Bologna, dezembro de 2013.

Salo de Carvalho

Sumário

Lista de abreviaturas	17
For those about to rock, "I" salute you	19
1. Introdução	23
2. A diferenciação funcional do rock	27
2.1. Relações Sistema x Ambiente. Comunicação	27
2.2. Origens e evolução do rock	29
2.3. Diferenciando-se subversivamente	34
2.4. Construindo futuro	43
3. O BRock e as expectativas normativas: censura, a censura, a única entidade que ninguém censura	49
3.1. O BRock	50
3.2. Direito x rock? (Direito e rock, Direito no rock e Direito do rock)	60
3.2.1. Direito e rock	62
3.2.2. Direito no rock	63
3.2.3. Direito do rock	65
3.3. Expectativas normativas da sociedade brasileira nos anos finais da ditadura militar e o BRock	66
3.3.1. A Desesperança sob o Manto da CF/67	69
3.3.2. Subvertendo a ordem estabelecida	70
3.3.3. Pelo fim do Estado de Direito	72
3.3.4. A repressão	74
3.3.5. A tortura	77
3.3.6. Uma nova Constituição	78
3.3.7. A liberdade de expressão	79
3.3.8. Direitos fundamentais individuais e coletivos	81
4. O céu é só uma promessa	89
4.1. Cidadania e democracia. A Constituição Federal de 1988	89
4.1.1. A Constituição entre o subsistema do Direito e o subsistema da Política	92
4.2. Democracia, Constituição e rock	96
4.2.1. Rock e democracia "around the world"	101

4.3. A incorporação da comunicação do rock na Constituição de 1988.
Positividade e observação de primeira ordem...105
    4.3.1. Uma nova CF..108
    4.3.2. O Estado Democrático de Direito..109
    4.3.3. Pelo término da repressão..111
    4.3.4. Os direitos fundamentais..112

5. O futuro não é mais como era antigamente...115
    5.1. O trato da decepção pelo sistema jurídico...116
    5.2. O abandono do retemporalização da Constituição Federal de 1988 pelo rock brasileiro..118
        5.2.1. O que o rock brasileiro da segunda década do terceiro milênio comunica?..119
    5.3. O junho de 2013 antecipou o futuro sem o rock.......................................125
        5.3.1. Abaixo toda repressão – reforma política..128
        5.3.2. Educação padrão FIFA..128
        5.3.3. Não à PEC 37..130
        5.3.4. Se o transporte é público, por que eu pago? Se eu pago, por que é ruim?..131
        5.3.5. "Nas favelas, no Senado, sujeira para todo lado. Ninguém respeita a Constituição mas todos acreditam no futuro da Nação. Que País é Este?"..131
        5.3.6. Hospital padrão FIFA...133
        5.3.7. Exigimos segurança padrão FIFA...134

6. This is the end?..137

7. Referências...143

8. Anexo – *websites* das Bandas BRock...151

Lista de abreviaturas

ADCT	– Ato das Disposições Constitucionais Transitórias
AI-5	– Ato Institucional nº 5.
BRock	– Rock Brasileiro dos anos 80
CF/67	– Constituição Federal de 1967
CF/88	– Constituição Federal de 1988
EDD	– Estado Democrático de Direito
ENADE	– Exame Nacional de Desempenho de Estudantes
EUA	– Estados Unidos da América
FIFA	– Fédération Internationale de Football Association
GPD	– Gesamtdeutsche Partei
MPB	– Música Popular Brasileira
PM	– Polícia Militar
R&B	– Rhythm & Blues
RPM	– Revoluções Por Minuto
SINAES	– Sistema Nacional de Avaliação da Educação Superior
STF	– Supremo Tribunal Federal
TSAD	– Teoria dos Sistemas Sociais Autopoiéticos Aplicada ao Direito
UFMG	– Universidade Federal de Minas Gerais
UFRGS	– Universidade Federal do Rio Grande do Sul
URSS	– União das Repúblicas Socialistas Soviéticas

For those about to rock, "I" salute you
(AC/DC)

Gostaria de deixar claro que esse livro tomou forma a partir de uma pessoa que é um grande parceiro intelectual: o Salo de Carvalho. Um transgressor acadêmico e um *rocker* na essência. Ele foi *roadie* de uma banda *cult* local que ouvi sobremaneira na adolescência cruzaltense (Banda Fuga). É baixista e toca em uma bela banda, os Lebowski. Por que eu digo isso? Por honestidade intelectual. Minha ideia não é original. Conectar direito e rock para a análise do fenômeno jurídico não poderia partir de uma cabeça "germânica", como gosta de dizer o meu querido amigo Ricardo Aronne, guitarrista de mão cheia. O Salo está na categoria daqueles que antecipam o futuro, como atesta sua influência na criminologia brasileira.

Nesse sentido, a primeira vez em que tive notícias de trabalhos acadêmicos pretendendo estabelecer um elo entre direito & Rock foi quando o Salo e o Moyses da Fontoura Pinto Neto, de quem tive a honra de ser chefiado enquanto ele era meu Coordenador de Curso na ULBRA-Canoas e a quem estendo os agradecimentos, fizeram um evento na UFRGS intitulado "Criminologia Cultural e Rock".

Assisti a boa parte dos debates ocorridos no dia 23 de setembro de 2011 no Salão Nobre da Faculdade de Direito da UFRGS. Fui convidado pela Renata Almeida da Costa, sabedora íntima de minhas preferências musicais. Mais uma vez, à minha esposa, agradeço. Mas dessa vez não pela inspiração, e sim, por me levar ao evento quando minha preguiça com relação ao trânsito porto-alegrense me mandava fazer outra coisa.

O evento do Salo e do Moyses teve sequência na Universidade Federal de Pelotas e na Universidade Federal de Santa Maria. Àquela altura, a minha cabeça fervilhava. Era preciso saber mais, até mesmo porque não sou criminólogo, muito embora a criminologia possua larga conexão com a sociologia do direito. O livro editado em razão desses encontros (Linck, *et al.*, 2011), com o título do evento, tornou-se leitura obrigatória.

Propus, então, ao Otaviano Kury, coordenador do Curso de Direito da Faculdade da Serra Gaúcha e tecladista da banda de rock progressivo *Index*, que organizássemos evento semelhante nas dependências da Instituição. O "Direito, Guerra e Rock" teve duas edições: uma em 2010 e outra em 2011. Levamos bateristas e guitarristas para tocar, analisamos músicas do Pink Floyd, do Green Day, do The Doors, entre outros. O evento foi um sucesso. Ao Otaviano, grande amigo e parceiro, meus mais sinceros agradecimentos por permitir a realização da ousada ideia. A gratidão deve ser estendida à Faculdade da Serra Gaúcha, pela posição de vanguarda que sempre assumiu no ensino do Direito, e ao Fernando Meinero (o "argentino"), por dar concretude às esvoaçantes sandices minhas e do Otaviano.

No dia 27 de outubro de 2011, durante o II Congresso da ABRASD (Associação Brasileira dos Pesquisadores em Sociologia do Direito), realizado na cidade de Porto Alegre, nas dependências da FADERGS (ex-ESADE) e do UniRitter, organizou-se uma mesa de debates chamada "Direito e Representações da Sociedade na Arte". Uma das pautas era "Direito & Rock". Além dos já mencionados Otaviano e Moyses, participou da fala o Guilherme de Azevedo, Coordenador do Curso de Direito da Unisinos e um sistêmico-luhmanniano fã de *black metal* norueguês. A Renata Costa e o Dani Rudnicki auxiliaram na organização. Aos quatro, meus agradecimentos que devem ser feitos, também, à FADERGS, em nome da Sara Pedrini, e ao UniRitter, por apostarem no Congresso da ABRASD.

Já no III Congresso da ABRASD, realizado em Curitiba (25 a 27 de novembro), nas dependências da Universidade Federal do Paraná, sob os auspícios do Dr. Manoel Eduardo Alves Camargo e Gomes, levou-se a efeito um painel sobre Direito, Poesia e Rock. Compuseram a mesa, além de mim, Luis Felipe Leprevot e Henrique Rodrigues. De fato, foi nessa oportunidade que, pela primeira vez, consegui expor o conteúdo do livro que ora se publica. Meus penhorados agradecimentos ao Dr. Manoel, e ao Luis e ao Henrique. As intervenções deles tiveram influência direta em minha escrita. E, claro, a todos os colegas da ABRASD, um sonho que vem se tornando realidade a cada ano que se passa.

No Centro Universitário LaSalle, de Canoas, a partir do segundo semestre de 2013, o grupo de Pesquisas Teorias Sociais do Direito, liderado por mim e afeito à linha Sociedade e Fragmentação do Direito do Mestrado em Direito e Sociedade, abriu uma porta para a discussão da temática já delimitada e circunscrita ao plano deste livro. Muito do material bibliográfico e das conclusões chegadas pelo grupo foram incorporadas à obra, fruto, portanto, de suas atividades. Assim, meus agradecimentos às alunas componentes dessa empreitada: Mariana Capelatti e Flávia Pedebos.

De uma maneira ou de outra, ao Alexandre Brandão, meu estagiário rockeiro e guitarrista, não somente pelas dicas para o *Direito & Rock* – o título desse agradecimento foi ideia dele – mas principalmente por fazer eu (re)acreditar nos movimentos sociais com o Junho de 2013.

O eterno agradecimento às Almeida da Costa (Maria Helena e Renata). Sem vocês eu não conseguiria seguir firme no rumo certo em época de mares agitados como os do ano de 2013. Ao Jorge Pinheiro Gonçalves, pela companhia e por reforçar o sentimento em mim de que não há nada no mundo que não possa ser superado. Às (A, E ,I, U) das Schwartz, minhas queridas, lindas e inteligentes irmãs.

Por fim, obrigado pai e mãe por mais essa lição de vida que vocês me deram em 2013 (e por nunca terem implicado com minhas músicas e com meus cabelos compridos). Tenho um enorme orgulho de ser filho de vocês!

1. Introdução

Admite-se. Eis uma correlação difícil de ser estabelecida. Direito & Rock. Em um primeiro momento, a perplexidade do leitor pode ser a curiosidade científica do próprio autor. De que maneira uma categoria musical cujas origens levam a ideia de contraposição ao *status quo* vigente pode ser conectada ao sistema jurídico, local em que as comunicações do sistema social – como as do rock – são (re)processadas a partir de um código específico (*Recht/Unrecht*) e, portanto, decodificadas a partir de sua própria lógica (Luhmann, 1997, p. 165)?

Nesse caso, a pergunta se torna o *leitmotiv* do presente texto. Como é possível estabelecer uma ligação entre Direito & Rock e qual o modo de se abordar sua existência? Em outras palavras: se o rock é compreendido pelo sistema jurídico a partir de sua própria autorreferência, é por seu turno, uma expressão artística que integra, portanto, o sistema da arte, segue sua auto-organização e sua autodescrição (Teubner, 1989). O rock é autônomo para perceber as comunicações jurídicas (Luhmann, 2007, p. 285), e o Direito é autônomo para observar o rock.

Essa imbricação provém do marco teórico utilizado para responder à pergunta-base e às demais que serão delimitadas logo a seguir. A teoria dos sistemas sociais autopoiéticos aplicada ao Direito (TSAD) é a opção utilizada. De um modo mais específico, constitui a corrente de inspiração luhmanniana a que se faz presente neste livro. Pretende-se, com ela, verificar que possibilidades traz o seguinte paradoxo: se o rock é subversivo (Hein, 2011, p. 39), pretendendo a modificação do sistema social, e se o sistema jurídico procura estabilizar expectativas normativas (Luhmann, 1983, p. 55), de que modo ele integra e desintegra o Direito?

A opção pela TSAD, fundamentalmente, dá-se pelas possibilidades que ela proporciona de se lidar com os paradoxos sem os temer. Como aponta Rocha (1997, p. 17), eles, os paradoxos, são condições necessárias para a compreensão e para a crítica do Direito. Os paradoxos são constitutivos do Direito, como na hipótese do décimo-segundo camelo (Luhmann, 2004, p. 33-108). Somente se tornam visíveis quando observados por um observador de segunda ordem, isto é, alguém que, ao mesmo tempo, em que esteja no sistema jurídico se encontre além dele. Com isso, será possível verificar os pontos distintivos do caos criado pelos paradoxos e que se aplicam a si mesmos, ao sistema jurídico e ao sistema artístico.

Gize-se, todavia, que não existe a posição de observador último e que a descrição dada pela obra será, inevitavelmente, percebida por outro observador de um modo diferenciado, dando-se, assim, continuamente, o processo de evolução mediante variação e estabilização dos sistemas sociais. Um observador de primeira ordem do sistema jurídico vai se fixar na autodescrição que o Direito proporciona mediante bases invariáveis. Ele observa o sistema jurídico com a ajuda de valores, ou, na linguagem de Rocha (1998, p. 128), de uma ideologia prévia. Para o observador de segunda ordem, de outro lado, o Direito aparecerá como uma construção sobre distinções cada vez mais diferenciadas (Luhmann, 2007, p. 889). Em suma, essa é uma produção autopoiética de sentido.

Outra razão, tão importante quanto a anterior, para a utilização da TSAD, consiste no fato de que se trata de uma teoria sociológica do Direito, isto é, ela entende como gnosiológica a afirmação de que Direito e Sociedade são indissociáveis. Por meio de seus conceitos, é possível perceber, sem qualquer dificuldade, que a crítica a respeito de que na TSAD o Direito basta por si só e se remete apenas a ele mesmo, assemelhando-se ao positivismo jurídico, é frágil. Como refere King (2009, p. 49), a beleza da construção paradoxal da TSAD é a da sociedade que consegue se reconstituir por intermédio de seus subsistemas sociais, no caso, o artístico e o jurídico.

Nesse sentido, a opção por uma teoria sociológica que se aplica ao Direito como a TSAD se justifica também por se compreender que o rock é fruto de uma aquisição evolutiva social do mesmo modo que o Direito. Ainda que suas funções sejam diversas em uma sociedade funcionalmente diferenciada (Rocha, *et al.*, 2013), o fato de estarem presente no sistema social pressupõe que exista uma comunicação entre elas.

Desse conjunto de pressupostos é que se pode chegar ao objetivo da obra: observar como o rock brasileiro dos anos 80 conseguiu influenciar a lógica do Direito no Brasil na época da transição da ditadura militar para a democracia constitucional e, vice-versa, como a assimilação de uma ordem democrática fez com que o rock produzido em solo brasileiro após a Constituição Federal de 1988 deixasse de produzir necessidade de um futuro diferenciado.

Com isso em mente, a estrutura do livro pretende responder às seguintes perguntas:

a) Qual o significado das comunicações que o rock brasileiro produziu para construir um tempo diferente daquele vivido ao final da ditadura no Brasil?

b) Como o sistema jurídico decodificou ditas comunicações por meio de sua programação, em especial aquela que é acoplamento estrutural entre ele e o sistema político, a Constituição (Nafarrate, 2004, p. 367)?

c) De que maneira o sistema jurídico conformou o rock no período democrático (1985 em diante) e qual sua influência para que ele perdesse sua característica subversiva de antecipação de futuro?

As questões mencionadas possuem como fio condutor, portanto, a Constituição Federal de 1988. O porquê dessa escolha está no detalhamento que Ost (1999) faz sobre as relações entre tempo e Direito. O autor defende que, para a retemporalização, é necessário passar por quatro fases: a memória, o perdão, a promessa e o requestionamento.

É nessa última etapa que a atual obra se atém: a Constituição foi memória, perdão e promessa de um novo tempo para o Brasil. E o rock foi protagonista nesse aspecto. Mas esse mesmo diploma legal ainda não tornou possível o requestionamento – fugir da probabilidade da repetição sem evolução – e os fatores sociais que instituíram a CF/88, como o rock, restam presos a uma recursividade que lhes retira a função social subversiva. Esse papel, hoje, no Brasil, compete a outros estilos musicais, como o *rap* e o *samba*.

Apresentado o plano de trabalho, há, ainda que se registrar outro limite da obra. Ao ser escrita, não teve a pretensão de esgotar o tema e nem de se constituir em uma observação analítica – nem poderia assim proceder a partir dos pressupostos da TSAD – do rock brasileiro dos anos 80. Tem-se, assim, um texto enxuto que traz observações e hipóteses sobre as quais outras observações podem – e devem – ser alavancadas.

Por fim, ressalte-se que o ponto de partida da observação é a de um jurista e que o livro, a partir disso, se desenrola. Significa que não se deseja fazer um estudo mais acurado e/ou histórico do rock brasileiro e de suas várias categorias. Os objetivos já foram explicitados anteriormente. Entenda-se, contudo, que a pesquisa ora levada a cabo possui, também, intrinsicamente, a intenção de que o rock volte a possuir relevância social – e jurídica – no Brasil.

Long Live Rock'n'Roll!
(Rainbow)

Porto Alegre – RS, durante a gestação, o nascimento e os primeiros dias de vida da Valentina.

Germano Schwartz

2. A diferenciação funcional do rock

Diante do plano traçado, o primeiro passo é tentar verificar aquilo que o rock comunica e de que modo isso ocorre a partir dos conceitos e da observação da Teoria dos Sistemas Sociais Aplicada ao Direito (TSAD). Nesse sentido, impõe-se compreender a relação entre sistemas e ambiente e como o sistema social é definido a partir da comunicação, explicando-a.

2.1. Relações Sistema *x* Ambiente. Comunicação.

Pode-se diminuir o rock. Entendê-lo como uma manifestação menor e, até mesmo, negar-lhe a condição de arte. Mas ele existe. E é realidade. Faz parte do sistema social. Assim, fazendo parte do sistema social da arte (Luhmann, 1997), significa que é necessário verificar suas proposições em relação com a realidade, pois o conceito de sistema, na TSAD, é gnosiológico e sempre se refere ao mundo real (Luhmann, 1990). Nas palavras de Luhmann: "Por tanto, hay que elaborar, en primer lugar, una teoria de sistemas diretamente apegada a la realidad" (1998, p. 37).

Moeller denomina essa pretensão luhmanniana como o seu *radicalismo menos criticado* (Moeller, 2012, p. 87). Para o autor, ainda, essa é uma visão construtivista daquilo que é real, apoiada na racionalidade e na comunicação. Realista em demasia para ser considerada real. A razão disso se deve ao fato de que a construção da realidade na TSAD é uma para cada sistema, tendo em vista a diferenciação funcional presente em cada um deles.

A realidade, portanto, inicia com a produção da diferença. Daí que a formatação da TSAD está orientada para a diferenciação em uma ontologia de realidades diversas. Contingente e autorreprodutora de realidades que se interligam incessantemente, tal qual no caso do Direito e Rock. Dessa maneira, o que é real depende somente da observação da realidade de cada sistema.

Nesse sentido, o entendimento de que os sistemas existem somente deseja dizer que existem objetos de investigações com determinadas características que justificam o emprego do conceito de sistema (Luhmann, 1998, p. 27). Se tais características fossem dele retirada, não haveria razão de o sistema existir.

Um sistema se justifica por ser funcionalmente diferenciado do outro. E, nesse aspecto, a primeira distinção é aquela a respeito de seu nível conceitual, isto é, de que maneiras, a partir de seus limites e operações, eles são iguais ou desiguais entre si. Nesse aspecto, Luhmann (1998, p. 27) classifica os sistemas em:

a) Não Vivos: eles não são capazes de se reproduzirem a si mesmos e por isso não são considerados autopoiéticos. Dependem do ambiente para sua manutenção, e, logo, são incapazes de se diferenciarem continuamente.

b) Biológicos: são as células, os animais, o corpo humano. Sua composição é feita por meio de operações vitais que mantêm o sistema a partir da interação com o ambiente.

c) Psíquicos: operam na diferenciação entre alter/ego. Note-se, por exemplo, seguindo Moeller (2012, p. 22), que ondas cerebrais são frutos da operação do cérebro em si, e não do ser humano.

d) Sociais: comunicam-se a partir de uma relação entre sistema/entorno e, por isso mesmo, diferenciam-se.

Um sistema, portanto, é a unidade de diferença entre si e seu entorno. O sistema social é, assim, uma unidade distintiva baseada em operações diferenciadas entre o sistema e seu entorno, de tal forma que um subsistema social constitui ambiente de todos os outros (Luhmann, 2007, p. 473). E isso porque somente os sistemas sociais comunicam, já que somente a comunicação comunica.[1]

---

[1] Nesse sentido, assim como Copérnico demonstrou que a Terra não era o centro do universo, da mesma forma que Darwin provou que o homem não era a "coroa" da criação e como Freud deixou claro ser o ego insignificante frente ao inconsciente (libido, por exemplo), Luhmann é absolutamente radical no deslocamento do homem como referência da sociedade. O mundo nunca foi exclusivamente humano, e a sociedade não está presa às limitações do homem. Somente a sociedade produz comunicações e é a própria sociedade capaz de guiar a si mesma. A defesa desse paradigma anti-humanista, segundo Moeller (2012, p. 31), pode perturbar a sociedade em um nível contingencial bastante profundo. Tal é o potencial construtivista luhmanniano que, longe do senso comum, e na esteira de Darwin, Freud e Copérnico, está a procura de uma nova observação da sociedade. Daí a justificativa para seu uso no direito e rock.

Com isso, não se pode surpreender com a afirmação de que nenhum subsistema guia a sociedade porque ela não possui centro ou periferia. Ela se autorreproduz com base na distinção inicial sistema x entorno que, por sua vez, necessita estabelecer comunicações específicas para cada um dos subsistemas a fim de que eles se diferenciem.

Existe, pois, uma relação de interdependência entre os subsistemas sociais e a conexão entre elas é feita mediante comunicação. Os problemas da causalidade tornam-se secundários e o processamento das informações originam-se da diferença e não são provenientes das identidades (razões). A comunicação é constituinte e reprodutora dos subsistemas sociais, enquanto a ação é um dos elementos que os compõem.

Em outras palavras: a comunicação consiste na síntese de três diferentes seleções: a informação, o ato de comunicação e a compreensão (Luhmann, 2002, p. 157). A comunicação é a congruência dessa tríade. Ela é a capacidade do sistema repetir suas operações, diferenciando-se dos demais. Duplica, portanto, realidade. Assim que ela ocorre, desaparece (Luhmann, 2007, p. 49).

Desse modo, o sistema do direito produz comunicações jurídicas específicas, e o da arte, por seu turno, realiza comunicações artísticas. Isso vale, também, no plano interno da diferenciação dos próprios subsistemas. As Constituições possuem uma comunicação que lhes é única no interior do sistema jurídico, e o rock segue na mesma linha, dessa feita dentro do sistema da arte. Mediante comunicação, é que os sistemas dão sentido às ações humanas.

Dessa maneira, o sistema da arte (rock incluído) faz parte do processo comunicacional dos sistemas sociais e é capaz de se tornar o ambiente que proporciona mudanças internas tanto ao sistema jurídico quanto ao sistema político, como é o caso da proposta do presente livro. É preciso, contudo, entender as origens e a evolução do rock para compreender de que forma sua comunicação é diferenciada no contexto da TSAD.

2.2. Origens e evolução do rock

Tendo os pressupostos estabelecidos no item 2.1 em mente, uma das questões mais controversas para verificar a relação de diferenciação anteriormente anunciada é a definição da música rock.[2] E isso por suas inúmeras variáveis e subgêneros, sumarizadas por Morrison (2006). Como já explicitado, a questão importante para o presente livro não é a historicidade do rock, e sim, sua comunicação musical.

Desse modo, não se pretende fazer uma (re)construção histórica da trajetória do rock. Conforme restará bastante claro adiante, tal não é objetivo deste livro. Ele não se destina a explicar o que se pode denominar de clausura operativa do rock. Muito embora faça parte necessária de sua diferenciação dentro do subsistema social da arte, não são estruturas tais como os processos de composição, de andamento, de timbres, entre outros, o centro de observação desta obra. O que se torna essencial para os propósitos aqui avençados é aquilo que o rock comunica e o que ele é capaz de comunicar. Em outras palavras: interessa-se mais pela abertura cognitiva do que pelo fechamento operacional do rock. Segue-se, pois, a fórmula de Teubner, para quem a abertura cognitiva de todo o sistema apoia-se, indispensavelmente, em sua clausura operativa (1989).

Nessa linha do raciocínio, uma das características indubitáveis do rock consiste na que ele se apresenta como um estilo musical relativamente recente em termos históricos. Não se trata, aqui, de procurar, no tempo, uma consequência epocal do significado do rock. O objetivo é, a partir da TSAD, perceber de que modo, dentro do sistema da arte, o rock se diferencia e que tipo de comunicação ele propicia tanto para o subsistema ao qual pertence quanto para o ambiente dos demais (Rabault, 2012, p. 49).

Nessa esteira, gize-se que outro traço significativo do rock é que, muito embora sua origem seja discutível, o fato é que ele se tornou uma experiência radicalmente nova para os ouvintes. Era a primeira vez que aquele tipo de música era ouvido. Uma experiência para a qual os ouvintes não estavam preparados. Alguns restaram incluídos; outros, excluídos. Por isso mesmo ele se tornou transgressor. Subversivo. Antecipador de um futuro que se projetava cada vez mais concreto.

---

[2] O uso do diminutivo *rock* se deve à popularização desse estilo musical. Tal fato se deve à comercialização massiva de dois grandes símbolos: os Beatles, na Inglaterra, e Bob Dylan, nos EUA (Magnon, 2011, p. 67). Nessa senda, tanto quanto o pop, o rock é música, em sua origem, essencialmente destinada aos jovens. Interessante notar que após décadas de seu nascimento, o rock, hoje, acompanhou a juventude em sua evolução etária. Desse modo, passou a ser uma comunicação que independe de faixas de idade na sociedade contemporânea. Posições em contrário renegariam os fatos sociais de que, por exemplo, os Rolling Stones, ainda estão a fazer rock, e seus integrantes, em sua maioria, beiram a faixa dos setenta anos.

Desse modo, um panorama a respeito da evolução do rock e de suas influências é, assim, útil para demonstrar as origens do que ele pretende comunicar. Nesse sentido, a expressão *rock'n'roll* é costumeiramente relacionada a uma invenção de um DJ de Cleveland chamado Alan Freed (Moondog). Designa, segundo Magnon (2011, p. 66-67), algumas características. A saber:

a) uma dança. Mais especificamente, uma dança de salão;

b) um tipo particular de música que é uma mistura entre o *blues* negro e a música rural branca americana;

c) um modo de composição com acentuação bastante forte dos contratempos;

d) uma interpretação que utiliza os timbres de modo expressivo por meio de guitarra elétrica, saxofone, órgão e/ou harmônica).

É preciso retroceder no tempo para observar melhor o fenômeno. Ducray (2011, p. 12-13) explica que, junto ao *Mayflower* (o navio de peregrinos que desembarcou na América em 1620), vieram imigrantes de várias localidades. Saíam do Velho Continente porque ali não se respeitavam os direitos dos cidadãos e era justamente isso que procuravam na América. Eram ingleses, poloneses, irlandeses, austríacos, franceses, russos, entre outros.

A impossibilidade de se trazer junto ao navio instrumentos mais sofisticados, como, por exemplo, o piano, fez com que tais imigrantes optassem por trazer consigo violões a fim de passar o tempo da longa travessia do Atlântico, e, também, para reavivar no senso coletivo a sua cultura e o seu folclore. Já em solo americano, impuseram-se como representantes de uma nova tradição de abordar a música: as baladas anglo-irlandesas – com suas crônicas dramáticas e violentas da vida cotidiana – e as músicas de danças mais rítmicas e sentimentais provenientes do Tirol germânico. É a *hilbilly song* (música caipira) que, depois, transformou-se na música *country*.

Ainda com Ducray (2011, p. 13), paralelamente ao *Mayflower*, uma quantidade imensa de indivíduos também é trazida à América, em longas viagens de navio. Mas para eles não existe uma promessa de liberdade e de respeito de seus direitos. São os escravos. Eles não imigram. Trata-se de um êxodo. Os sofrimentos inexpugnáveis aos quais eram submetidos foram traduzidos em uma espécie de canto que sublinhava as condições desumanas que lhes eram impostas. A memória da África não possuía instrumentos musicais. Esse grito visceral e liberador repousava na voz interior de cada escravo.

Os negros americanos conseguiram expressar sua dor em um ritmo musical que remete a um deus africano do vodu. Ele exalta os prazeres violentos da carne em contraposição ao passado pasteurizado dos brancos do *Mayflower*. Os *blue devils*. O Robert Johnson como o renegado do *blues* e seu famoso pacto com o diabo espelhado no filme Crossroad. O ritmo do *blues* e sua essência, sua alma, foram essenciais para o surgimento do rock e para entender o tipo de comunicação musical que ele produz.

Craig Morrison (2006, p. 267-289) traça uma linha do tempo do rock que inicia no ano de 1830. Naquele ano, os ministreis negros faziam shows com grande audiência. Foram populares por quase cem anos e são considerados os predecessores do *rock and roll*. A canção "Oh, Suzanna" é criada por Stephen Forster, cantor que vendeu mais de 20 milhões de cópias em sua carreira, em 1848. Os Birds fazem uma *cover* dela nos anos 60 do século passado.

Ainda seguindo Morrison (2006, p. 267-289), o *blues* nasce no delta do Rio Mississipi por volta do ano 1900. Em 1912, W.C. Handy, considerado o pai do *blues*, escreve o hit "The Memphis Blues" e, na década seguinte, a música "Crazy Blues", de Mamy Smith, é o primeiro *blues* cantado por um negro. O *jazz*, por seu turno, tornava-se extremamente popular. Em 1931, a primeira guitarra elétrica é inventada por George Beauchamp. Já em 1936, Robert Johnson grava "Cross Road Blues", e a primeira guitarra manufaturada para ser vendida em escala, a Gibson ES-150, é colocada em circulação. Em 1941, Muddy Waters é gravado, e uma de suas músicas nomeará uma das bandas de maiores sucesso do rock: os Rolling Stones.

No quinquênio posterior ao fim da II Guerra Mundial, o *rhythm & blues*, um ritmo proveniente de New Orleans (berço do jazz), toma de assalto as paradas americanas, especialmente por causa de músicos como Fats Domino e Professor Longhair (Morrison, 2006, p. 270). Em 1952, a primeira música realmente rock produzida e cantada por um branco é gravada: "Rock the Joint", de Bill Haley and the Saddlemen. É o mesmo ano em que a Sun Records, futura gravadora de Elvis Presley, é fundada.

Enquanto permaneceu como uma comunicação musical proveniente de músicos negros (Chuck Berry – deliquente e juvenil, Litlle Richard – homossexual desafiador, entre outros), o rock estava bastante distante do que seria, anos depois: um sucesso em termos de aceitação social. Como narra Muggiati (Muggiati, 1985, p. 44): "naqueles tempos, fama e sucesso pareciam contraindicados para cantores de rock".

Em 1953, a música "Crazy Man Crazy", de Bill Haley and Haley's Comets revela-se no primeiro rock a figurar na Billboard e o hit "Hound Dog", de Big Mama Thorton, alcança o primeiro posto nas paradas de R&B. Naqueles anos, havia um ditado, atribuído a Sam Philips (Muggiati, 1985, p. 30), cujos termos se assemelhavam ao seguinte: "Se eu encontrasse um branco com o som de um negro e o sentimento de um negro eu faria um milhão de dólares". É que os salões de *blues* da época eram palco de verdadeiros frenesis de liberação e de sensualidade, algo bastante distante dos peregrinos do *Mayflower*, porém deveras excitantes para uma geração de brancos que vivia a bonança do pós-segunda guerra mundial.

No entanto, o crítico musical François Ducray (2011, p. 11) define como momento de nascimento do rock o ano de 1954, o da coroação de seu rei, Elvis Presley. Não era fácil para a sociedade de baixa complexidade (Luhmann, 1983) dos anos 50 conformar-se ao que precursores como Chuck Berry, Litlle Richards, Jerry Lee Lewis e o Rei (Morrison, 2006, p. 178) pretendiam comunicar. De que maneira era possível "traduzir" aquele novo estilo musical, descendente direto do *blues* norte-americano (Richards, 2010), fato admitido por vários roqueiros (Muggiati, 1985, p. 74-75) (Ringo Starr, Keith Richards, Mick Jagger, entre outros), todo aquele sentido que se produzia no ambiente de todos os demais subsistemas da sociedade (Direito, Economia, Política, entre outros)?

O já mencionado Sam Philips acabou sendo o primeiro dono de gravadora a contratar um caminhoneiro chamado Elvis Presley. No ano de 1954, ele resolve gravar um compacto da música That's Allright Mama para presentear sua progenitora. Ali estavam presentes a agressividade do rock, a sensualidade no canto, a rudeza das guitarras, a absorção da efervescência dos desejos de uma juventude prestes a irromper o *status quo* no qual restavam inseridos. Na narrativa de Muggiati (1985, p. 32):

> Quando surgiu, sua influência foi considerada desagregadora para a mocidade americana. A partir do seu terceiro show na televisão americana, em janeiro de 1957, a imagem de The Pelvis (como era chamado) só podia ser mostrada da cintura para cima, pois sua ginga era considerada obscena.

O "diabo" havia entrado na América (Grossberg, 1993, p. 208). O restante da história, passando por Jerry Lee Lewis, Roy Orbinson, Led Zeppelin, Beatles, Sex Pistols, Deep Purple, Black Sabbath, U2, System of a Down, entre outros, é conhecido. É o que faz do rock o fenômeno cultural que ele é. É o que faz com que o rock comunique o que ele efetivamente comunica. É o que o caracteriza como a música dominante da era moderna (Holm-Hudson, 2006, p. ix).

Como referido anteriormente, a questão central do presente livro repousa em como se estabelecem as relações comunicacionais de influência recíproca entre Rock e Direito. Dessa maneira, é preciso concordar com Bralic (2006, p. 126): o que torna um estilo musical relevante, inovador, é sua *capacidade de manejar o tempo*, isto é, de antecipar o futuro no presente. Eis o ponto central da argumentação que se sustentará adiante. O rock brasileiro dos anos 80 foi hábil em lidar com o tempo; no entanto, após levada a cabo a Constituição Federal de 1988, perdeu essa capacidade de temporalização. E, por essa própria razão, deixou de se diferenciar funcionalmente dos demais estilos musicais, perdendo sua relevância na sociedade brasileira.

Nesse sentido, é absolutamente coerente evidenciar que a transformação da comunicação musical constitui uma mudança do presente (Luhmann, 1997, p. 487). Tal ponto se mostra decisivo porque se trata do momento em que o sistema faz a seletividade das comunicações que lhes são próprias. Conforme Luhmann (1997, p. 14-42), o presente é apenas o elemento que torna possível a diferenciação entre passado e futuro. Assim, obviamente, quando há uma mudança no presente, ela pretende um controle temporal do futuro. O elemento surpresa, assim, não é uma característica do futuro construído pelo passado. Ela pertence única e exclusivamente ao presente. E o presente dos anos 80 era bastante diverso do presente da segunda década do terceiro milênio.

Com isso, tem-se que o rock brasileiro dos anos 80 comunicou musicalmente uma necessidade de um futuro a ser construído mediante expectativas normativas (item 3.1), que vieram, boa parte delas, a se consolidar na Constituição Federal de 1988. Ocorre, entretanto, que, para isso ocorrer – o manejo da temporalidade –, é preciso compreender como se dão as diferenciações funcionais que permitem reduzir a complexidade inerente à diferenciação inicial sistema x ambiente.

2.3. Diferenciando-se subversivamente

Rock é arte? Somente poderá sê-lo dentro do sistema da arte e mediante distinções e diferenciações específicas. Para afirmá-lo, portanto, ele (rock-arte) está sempre em busca de uma crítica, de uma indeterminação que é regulada por uma relação entre o sistema e o ambiente. De um modo mais específico, a audiência se torna o "fantasma do artista" (Luhmann, 2000, p. 295). Ela se torna parte da obra de arte (o rock) porque se trata de uma invenção: o público vai gostar da mensagem? As pessoas entenderão que isso é rock? Por isso é que os grandes shows de rock se tornam um mecanismo de reafirmação da variabilidade e da redundância interna do sistema da arte (rock).

Nesse sentido (Luhmann, 2000, p. 299), as vantagens das inclusões e das exclusões do sistema da arte estão desacopladas de outros sistemas. Aqueles que assistem a grandes concertos do rock não encontram nenhuma seleção representativa em sua totalidade a respeito da qualidade artística dessa música. O fenômeno desses megaconcertos, cujo ponto de ruptura no Brasil foi o Rock In Rio de 1985, confirma que o estado da arte se constrói em uma relação distintiva entre autor (roqueiro) e plateia.

A partir das premissas estabelecidas e, com base na TSAD, importa estabelecer que as diferenciações aludidas passam pela autorreferência do sistema da arte por meio de seu código Belo/Feio (Luhmann, 2000) e, depois, mais especificamente, pela identificação proporcionada pela distinção Música/Não Música (Bralic, 2006, p. 121). Somente assim, será possível afirmar que o rock possui uma comunicação diferenciada dos demais estilos musicais pertencentes ao sistema da arte, visto que "o artista só pode ser observado na medida em que introduz uma distinção na obra de arte" (Luhmann, 2009, p. 173).

Observe-se que tanto quanto no mundo imaginário, a arte, no mundo real, tem o condão de providenciar o acesso a lugares temporais diferenciados daqueles em que se encontra o presente. Faz isso mediante distinções (belo/feio, passado/futuro), mas também porque é a própria música que define o seu surgimento e sua desaparição (Luhmann, 2000, p. 114).

Registre-se, com ênfase, que o objetivo não é saber em quantos acordes ou em quantos andamentos e ritmos o rock se desenvolve enquanto música, dos demais estilos. Trata-se de percebê-lo como um momento da comunicação musical (artística) em sua clausura operativa e, de outro lado, como ele pode ser compreendido a partir de uma observação de segunda ordem (Philippopoulos-Mihalopoulos, 2010), produzida a partir da distinção entre ambiente e sistema e, portanto, jamais realizada por observador último, e sim, por aquele que observa a observação do objeto.

Assim, é aquilo que o rock comunica o essencial para o deslinde da presente obra. O essencial é o conteúdo de sua mensagem transmitido por meio da música (Tournepiche, 2011, p. 152). Dito de outra forma: o que o rock produz de sentido para a sociedade, sistema jurídico incluído, que o difere dos demais estilos de música?

Desse modo, importa dizer que a preocupação central não diz respeito à estrutura do rock enquanto música. Muito embora ele se diferencie dos demais estilos musicais, por representar uma evolução em relação aos que os antecederam (*blues* especialmente), em termos de composição, de timbres, de arranjos, entre outros. A questão está no problema da sua operatividade autorreferencial, importante para o ponto de vista da diferenciação funcional. Está afeito ao âmbito das relações que serão relevantes internamente para o sistema da arte. Nesse sentido, por exemplo, a respeito do ritmo – algo relevante para o rock –, García (2002, p. 505) anota:

> Encontramos no sólo un esquema organizativo sino un elemento de producción de sentido pues «el ritmo es la transformación de la sucesión en sí sin sentido en una sucesión significativa». Y producción también de tiempo pues gracias al ritmo «el todo ya no está subordinado al tiempo sinoque lo tiene *en sí mismo*». Es decir que el ritmo genera su propio tempo.

Nessa linha de raciocínio, como já anunciado, é a TSAD o referencial teórico deste livro. No entanto, é preciso especificar. É necessário situar quais aspectos dela serão utilizados no discorrer do raciocínio posterior, além, claro, do conceito de comunicação abordado no item 2.1. Utilizam-se, para tanto, as fases – e a tabela – propostas por Febbrajo (2013, p. 6) para descrever os principais passos da TSAD.

Aspectos Conceituais	Aspectos Funcionais	Pontos Teóricos de Referência
Expectativas	Seleção	Normativa/Cognitiva
Generalização	Estabilização	Operação/Estrutura
Procedimento	Inovação	Certeza/Incerteza
Comunicação Autopoiética	Coevolução	Acoplamento Estrutural

Mesmo que seja incorreto dividir o pensamento de Luhmann em fases dado o fato de que sua construção teórica nada teve de linear (Moeller, 2012), é certo que, conforme Tércio Sampaio Ferraz (1980), pode-se, também, dizer que existem uma primeira e uma segunda fases (Rocha, et al., 2013), cujo ponto distintivo entre ambas a incorporação para a TSAD do conceito de autopoiese, caso ocorrido com a publicação da obra "Sistemas Sociais" (Luhmann, 1998).

Uma comunicação nas bases da TSAD, mesmo que improvável (Luhmann, 2006), possui vantagens evidentes, pois os sistemas sociais são capazes de combinar comunicações provenientes de diversos sistemas com base em uma estrutura que lhes é comum e que lhes permite aprender com base nos estímulos externos (Febbrajo, 2013, p. 6). Nada mais preciso para descrever o que se pretende com este livro, senão mediante as conexões comunicacionais entre o sistema da arte (Rock) e o sistema jurídico e o político (Constituição).

Por isso, a presente obra repousa sua análise sobre o enfoque funcionalista, o Luhmann da primeira fase de Tércio Sampaio (1980), ou o Luhmann do trinômio *expectativas – seleção – abertura cognitiva/ clausura normativa*, de Febbrajo (2013). Não se trata de deixar a autopoiese do Direito em um plano secundário. Ao contrário. Como não se deseja fazer aqui uma descrição das operações autopoiéticas de cada sistema e entre os sistemas sociais, está-se diante de uma opção metodológica. As razões dessa escolha estão explicitadas na Introdução. Contudo, reaviva-se uma: quais eram as *expectativas normativas* da sociedade brasileira em relação ao sistema jurídico brasileiro nos anos oitenta e, em seguida, como tal sistema *selecionou* a *comunicação* musical produzida pelo BRock a partir de sua *abertura cognitiva* e de sua *clausura normativa*? Eis, traduzido nos termos do TSAD, o mote central do presente livro.

Nesse sentido, importante ter-se em mente que cada subsistema se constituiu no ambiente do outro. É a relação ambiente/sistema (item 2.1) a primeira diferenciação, isto é, aquela que proporciona a possibilidade de se compreenderem as demais diferenciações (King, 2009, p. 36).

Dessa maneira, no que diz respeito à diferenciação funcional e à relação ambiente x sistema, o sistema da arte ainda possui uma característica única. Qualquer comunicação pode ser musicalizada. Logo, trata-se de um sistema tematicamente aberto, mas indeterminado. Desse modo (Luhmann, 2000, p. 180), se os distintos subsistemas sociais (Direito e Política, no caso específico desta obra) podem se diferenciar no sistema da arte, então eles somente podem fazer isso como subsistemas do sistema da arte.

A diferenciação e a consequente observação é realizada em dois polos. No caso do rock (música-arte), por meio de seu código específico "belo-feio" (Luhmann, 2000, p. 191), proveniente do sistema da arte; o Direito, por seu turno, utiliza a diferenciação Direito/Não Direito (Luhmann, 1990, p. 81-102). Nessa estrutura binária, existem dois valores: o positivo (ou designativo) revela a capacidade comunicativa do sistema; o negativo, de outro lado, descreve a contingência da inserção do valor positivo no contexto sistêmico. Daí surge a unidade distintiva. Assim, por exemplo, sempre que se trata do código belo/feio, tem-se uma operação do sistema artístico.

Uma diferenciação segmentada do sistema da arte que compreenda a existência, em seu interior, da existência de comunicações diversas deve ser baseada também em um sistema distintivo. Um é a exterioridade do outro e vice-versa. Assim, a relação interna entre os tipos de arte (música-rock) muda de uma concepção hierárquica para uma relação de igualdade e de diferença (Luhmann, 2000, p. 181). Desse modo, o sistema da arte bloqueia correspondências estruturais e pavimenta sua diferenciação.

Assim, o sistema somente pode testar sua diferenciação interna também a partir da sua relação independente para o seu ambiente. O rock, portanto, é internamente subversivo e mesmo que existam correspondentes em outros sistemas (anarquia no sistema político, por exemplo), ele se diferencia das outras identidades porque permanece se diferenciando com base na distinção originária do sistema da arte. O rock somente comunica o que ele comunica porque é arte, e as divisões internas (fragmentação) de tal sistema vão garantir sua unidade.

Note-se aqui um ponto bastante importante: enquanto os imigrantes do *Mayflower* viajavam pela obtenção de direitos, os negros escravos viajavam porque esses mesmos direitos lhes eram sonegados. Se o *blues* é, originariamente, uma forma de exprimir a desesperança em relação à sua condição de não cidadão, o seu filho, o rock, nasce com essa genética de *abordagem de expectativas normativas*. O rock é subversivo da ordem estabilizada que o sistema jurídico representa.

Atente-se, portanto, que o rock não se constitui numa inovação, e sim, em uma evolução em relação ao blues (Richards, 2010). Dita evolução se dá, de modo analógico, à descrição de Luhmann (2000, p. 228), isto é, tanto em um plano interno quanto externo: naquele, quando ele modifica ritmos, tons e/ou usa novos instrumentos (guitarra elétrica); neste, quando comunica algo diferenciado e quando propõe modificações perante o seu ambiente, isto é, quando se estabelecem relações de observações distintas entre o artista (roqueiro) e sua audiência (Luhmann, 2000, p. 262).

Nessa esteira, junto com Bralic (2006, p. 124), não se trata de afirmar que o rock, por si só, foi capaz de projetar uma nova funcionalidade para a sociedade e, por conseguinte, para a música. Ele não é uma forma musical autônoma em sua origem. Ele não supera em racionalidade ou beleza os estilos musicais que o antecederam. E isso somente pode ser afirmado porque na TSAD a evolução é uma evolução dos sistemas (Moeller, 2012, p. 68).

Contudo, o rock se diferencia do *blues*. Adiantando, para que assim se possa argumentar daqui para frente, o caminho evolutivo é, ao final, um percurso de diferenciações para que o rock possa, no interior do sistema da arte, construir distinções capazes de tanto (re)processar as comunicações que ele recebe a partir de sua própria estrutura quanto produzir ruído para os demais subsistemas sociais.

A música deve dizer algo a partir do sistema da música. Como relembra Bralic (2006, p. 132), a música não pode dizer nada além do que a música é e do que ela não é. Tal é a comunicação musical. Aplicado o mesmo pensamento ao rock, obtêm-se algumas tautologias bastante interessantes. A saber:

1) somente o rock pode dizer o que é o rock;
2) uma vez que o que o rock produz sua própria comunicação musical, ele, por via de consequência, autodelimita-se e, por meio das estruturas do sistema da arte, é capaz de se autorreafirmar;
3) em vista disso, somente o rock pode reafirmar aquilo que não é rock, ou, de outra maneira, referir que determinada comunicação musical não é proveniente da diferenciação interna do sistema artístico provocada pelo rock.

Acompanhando, analogicamente, Balking e Levinson (1999, p. 6), é preciso compreender que o Direito não se constitui na prática social do Direito assim como a música não se constituiu na prática social da música. A diferenciação funcional é, portanto, absolutamente distintiva. E é isso que proporciona a comunicação entre ambos os subsistemas (Arte e Direito)

Essas tautologias somente são possíveis porque o rock (a) possui uma estrutura específica de ritmos e de acordes e (b) por causa disso, produz um tipo de comunicação única que outros estilos musicais não estão aptos (diferenciados) para se constituir enquanto ambiente de outros subsistemas sociais (Direito).

A questão da estrutura interna não constitui o cerne da obra. Isso já foi dito e repetido várias vezes até o presente momento. O que se objetiva é a capacidade de comunicação, isto é, o valor designativo do rock em determinada sociedade. Entender como uma determinada comunicação musical se diferencia a partir dessa determinada estrutura se mostra essencial para o suporte do restante da argumentação expendida.

Nessa esteira, a comunicação musical está apta, pelos mecanismos de variabilidade de repetição internos ao sistema da arte, a absorver níveis altíssimos de complexidade (Bralic, 2006, p. 133). Quer-se afirmar, com isso, que dita comunicação é capaz de trazer para o universo musical grande parte das incertezas e das inúmeras alternativas de possibilidades de escolha que o ambiente dos demais subsistemas sociais a ela proporciona, incluídas aí, à evidência, as expectativas normativas (constitucionais). E faz isso de uma maneira tão eficiente que, em muitas das vezes, ela antecipa o futuro (normativo).

Nessa esteira, a arte é um observador que precisa ser observado (Luhmann, 1999, p. 13). Idêntico raciocínio é aplicável ao rock. Sua comunicação musical é feita por um observador que necessita ser observado. Dita observação de segunda ordem, no caso da presente obra, é feita pelo sistema jurídico a partir da diferenciação principal Recht/Unrecht (Luhmann, 1997) e da sequencial constitucional/inconstitucional (Schwartz, 2004).

Mas, então, qual o tipo de comunicação que é exclusivo do rock? Marguénaud (2011, p. 1) aponta como especificidade da comunicação relativa ao rock os seguintes aspectos:

1) a rebelião contra a ordem estabelecida e os valores reacionários;

2) o pouco trato, a rudeza, isto é, a ausência da doçura, ou, em outras palavras, da suavidade;

3) a subversão;

4) a sensualidade;

5) a provocação;

6) o escândalo.

De todas as características mencionadas, é a subversão aquela que melhor identifica o rock. É subversivo aquilo que vai contra a ordem estabelecida, isto é, o que modifica as normas e seus valores (Hein, 2011, p. 31). A força de uma ação subversiva repousa no seu caráter extraordinário de inovação.

A *subversão* constitui o fator de maior identificação do rock, desde suas origens ligadas ao *blues* (Brandão, 2009, p. 2). Em outras palavras, trata-se de produção de comunicação musical que, orientada ao Direito, pretende o constante e o contínuo requestionamento das expectativas normativas por meio das estruturas artísticas. Proporciona, pois, dinâmica ao sistema jurídico.

Como explica Bioy (2011, p. 46-47), o rock é compreendido como subversão em dois aspectos: (a) enquanto discurso e (b) em relação à sua forma. A primeira está ligada aos aspectos comunicacionais da música rock; a segunda, por seu turno, repousa na forma pela qual o rock se apresenta por meio de figuras/símbolos rebeldes. É uma extensa tradição que vai desde Chuck Berry, passa por Keith Richards, Jim Morrison e Janis Joplin e vai até Axl Rose, entre outros. Eles propagam a subversão sexual ou social. São contra a ordem existente.

É nesse sentido que o rebolado de Elvis nos anos 50 despertou uma série de reações ligadas a proibições de execuções de suas músicas, consideradas demasiado sensuais em uma América pretensamente puritana. Ocorre, entretanto, que a sociedade já restava influenciada por aquele ritmo avassalador e contestador. Como refere Hein (2011, p. 32), o fenômeno do rock dos anos 50 produziu claramente uma série de efeitos que modificou boa parte das estruturas sociais e econômicas de considerável parte dos países ocidentais.

Da mesma forma, o fenômeno contracultural da segunda metade dos anos 60 é um fenômeno subversivo de outro tipo (Hein, 2011, p. 32). Seu ato simbólico é o conhecido festival de Monterrey em junho de 1967 e é finalizado bruscamente no ano de 1969 com o Festival de Altamont. O rock se configura, entremeios, como um catalisador da contestação política que se propaga entre os países industrializados. Seus temas são vários: a Guerra do Vietnã, a proliferação nuclear, a ocupação da Tchecoslováquia, a segregação racial, entre outros.

Essa mesma juventude militante, especialmente as coladas ao movimento *hippie*, defendiam, entre outros, alguns valores como a paz, a ecologia, as liberdades civis, as novidades espirituais, o feminismo e a liberação sexual (Hein, 2011, p. 33). A juventude, portanto, não é mais apenas uma seguidora de seus artistas. São eles, os artistas, os porta-vozes dos desejos da juventude.

Em termos de subversão discursiva, o choque que os Beatles (Spitz, 2007) provocaram na sociedade quando se declaram mais populares do que Jesus Cristo foi tão forte quanto os Sex Pistols, nos anos 70, autointitularem-se anticristos, anarquistas e pregarem pela mudança dos valores sociais da Inglaterra setentista.

O *punk* dos anos 70 emerge com essa disposição. Suas ideias básicas (Hein, 2011, p. 34) são absolutamente subversivas, a saber: (1) não é necessário ser um virtuose musical para montar uma banda, pois o aprendizado musical não precisa ser (Nicaud, 2011) clássico e não é necessário que uma banda se filie a um selo. Ela pode chegar ao sucesso de modo independente, fazendo suas gravações e promovendo seus concertos; (2), e, porque esse processo de democratização não se restringe somente às relações com os empresários, mas também entre os sexos, propugnando por igualdade entre ambos. Gize-se, ainda, que o denominado *new wave punk* trazia consigo, ainda, dois elementos altamente subversivos: o niilismo e a anarquia (Szymczak, 2011, p. 83).

A filosofia do *you too* (U2) do punk leva ao cenário polissêmico e multifacetado do rock dos anos 80. Somente o *heavy metal* possui mais de 70 gêneros (Hein, 2011, p. 34-35). Alguns são contraditórios entre si. Assim, o *black metal* celebra Satã, e o *White metal* cultua Deus. A subversão continua a persistir em grupos, a exemplo do Mötley Crue e sua busca hedonista pelo prazer, o Slayer e seus questionamentos em relação ao cristianismo, o Bad Religion e sua reação à política neoliberal de Ronald Reagan nos EUA, e assim por diante. Os anos 90 e 2000, por seu turno, acentuam a fragmentação do rock, e seu caráter subversivo resta cada vez mais especializado em seus subgêneros (Hein, 2011, p. 35-36).

Daí que se torna impositivo acompanhar a afirmação de Beauvais (2011, p. 51), para quem resta bastante claro que o rock acompanhou o profundo movimento sociológico de afirmação do individualismo. Dito de outra forma: o rock, de um modo constante e contínuo, produziu comunicações musicais ligadas ao caráter subversivo e concatenadas com valores individualistas.

Apresentado desse modo, entenda-se que, dentro do sistema da arte, o rock, portanto, diferencia-se por ser o estilo musical que pretende decodificar comunicações internas a partir do código *subversivo/ não subversivo*. O código é o que distingue dos demais estilos musicais pertencentes ao sistema da arte. É o que garante sua autonomia, pois, conforme revela Millard (2011, p. 195), o rock possui seu próprio código e suas próprias referências.

Tournepiche (2011, p. 152-158) traz interessante contribuição para a observação do rock enquanto fenômeno social, plenamente compreensível desde o ponto de vista da TSAD. Para o autor, o rock está diretamente ligado à democracia. E isso se dá tanto de um modo endógeno quanto de uma maneira exógena.

No plano endógeno (clausura operativa), o rock se configura como um dos vetores da democracia porque está intimamente ligado à defesa das liberdades individuais. Com isso, mesmo em países não democráticos, o simples fato de ser possível produzir música rock, provocará mudanças e tais mudanças serão ligadas à defesa da democracia. Em outras palavras: os mecanismos de variabilidade e de estabilização do sistema político são altamente influenciados por valores que a comunicação do rock defende.

De outro lado, sob o ponto de vista exógeno (abertura cognitiva), a produção comunicativa do rock está ligada ao modo pelo qual a comunicação musical do rock é projetada enquanto ambiente dos demais subsistemas sociais. Esse *outcome* é, claramente, *subversivo e democrático*, em uma concepção que, em muito, assemelha-se ao uso que Leonel Severo Rocha (1998) faz de suas leituras de Lefort para aplicá-las à TSAD e defender que seu uso contém um grande potencial *democrático-inventivo* (Rocha, 1998), orientado, assim, para um futuro de grandes possibilidades e que é construído no presente.

2.4. Construindo futuro

A Constituição de 1988 constitui-se numa promessa para a sociedade brasileira: a de um novo futuro, necessariamente democrático pelas razões anteriormente declinadas. A partir do momento em que as expectativas normativas (BRock dentre elas) do sistema social se tornam positividade por meio de uma Constituição, a questão da presente obra passa a ser como o texto constitucional se relaciona com o tempo, ou, em outras palavras, de que maneira ele observa sua própria temporalidade.

Uma resposta para tal questionamento baseada apenas – e tão somente – na clausura normativa do sistema jurídico tenderia a afirmar que a própria CF/88 estabeleceria estruturas internas da própria Constituição que permitem essa temporalização. É o caso da possibilidade das Emendas Constitucionais (art. 59) e da Revisão Constitucional (art. 3º, ADCT). Respeitando as características de cada uma, inegável que se tornem mecanismos de temporalização de sentido da CF/88.

De outro lado, todavia, compreendida a CF/88 a partir do fato de que ela faz parte de um sistema social funcionalmente diferenciado, o jurídico, há que se entender que as comunicações a respeito do tempo dentro de tal sistema não são a mesma de que aquelas de igual cunho geradas por outros sistemas (Nobles & Schiff, 2013, p. 131).

Daí que a temporalidade do sistema artístico (BRock) não é a mesma do sistema jurídico (CF/88). Assim, a primeira se constitui como ambiente da segunda e vice-versa. Mas isso não significa dizer que exista uma barreira entre ambos. Trata-se de uma unidade da diferença que preserva a temporalidade de cada sistema. Eles não reagem automaticamente um a outro. O BRock, por exemplo, é anterior à CF/88.

Nesse sentido, a responsividade interna do sistema jurídico é diferente daquela presente no sistema artístico e assim por diante. Logo, para que cada sistema reaja às influências externas há uma questão temporal. Leva tempo. Assim, existe uma espécie, em linguagem musical, *delay* (Nobles & Schiff, 2013, p. 132) em relação ao que um sistema comunica sobre o estado do mundo e a reação do sistema. Para García (2002, p. 503-504):

> Los juristas son grandes técnicos del ritmo, de las actividades regulares. El derecho aporta sus ritmos peculiares a la vida social. Pensemos en un conflicto, en un enfrentamiento cara a cara, con su inmediatez, su desorden y su carga pasional. El derecho introduce distancia y lo «instrumenta» en secuencias con um lenguaje que lo atempera, lo enfría y lo dignifica. Ya no se presenta de modo visceral sino conceptual. La posición de cada parte se convierte en pretensión, se hace presentable y se armoniza con normas. El problema se difiere, se extrae de su contexto de origen y se hace resonar en el *tempo maestoso* de las leyes, *rallentando*, que obliga a ir paso a paso, aseguir un procedimiento. El caso, transformado en supuesto de hecho, estáya escrito en papel pautado. Ahora se puede interpretar. Quizá se llegue a una «composición» de intereses. Se ha conseguido *order from noise*.

Esse *delay* é, de fato, uma antecipação de futuro (Luhmann, 1996, p. 243), algo bastante comum em obras artísticas. Suas quebras de linearidade, suas mudanças de estilo, enfim, seus conjuntos de operações próprias possibilitam sua diferenciação funcional mediante irritação do entorno.

Não é incorreto afirmar, portanto, com base na TSAD, que o *BRock antecipou o futuro do sistema jurídico*. Em outras palavras: o rock brasileiro dos anos 80, pertencente que é ao sistema artístico, foi um dos subsistemas sociais que comunicou, antes, aquilo que a CF/88 incorporou depois.

À evidência que esse fosso entre o recebimento da comunicação e a reação do sistema perturbado contém algum risco. E esse risco é temporal. É o risco de o sistema afetado não conseguir manter uma relação estável com seu ambiente. Desse modo, a CF/88, ao trazer para si a comunicação democrática, conseguiu manter a estabilidade do próprio sistema jurídico porque era essa a ambiência na qual ele se encontrava.

De outro lado, a construção do tempo nas sociedades modernas, em consonância com a TSAD, está baseada no processo comunicacional que se estabelece a partir de decisões que, feitas no presente (apenas o ponto distintivo entre o passado e o futuro), restam orientadas para o futuro com base no passado (Luhmann, 2007). Novamente, aqui há outra conexão entre o BRock e a CF/88. Para esta, aquele era o passado e para aquele, esta era o futuro a ser construído.

Desse modo, logicamente que existe um tempo interno ao sistema jurídico e ele resta ligado ao fato de que o Direito necessita de tempo para (re)criar e (re)processar as influências externas a partir de suas estruturas, modificando-as se necessário. A comunicação jurídica pressupõe, por meio das expectativas normativas (3.1.), que a aplicação de seu código (*Recht/Unrecht*) será realizada da mesma maneira no presente quanto no futuro (Nobles & Schiff, 2013, p. 134). O tempo do Direito é diferente do tempo artístico ou de qualquer outro subsistema social (García, 2002, p. 525):

> Por extraño que pueda parecer, el ritmo del derecho no es el del resto de la sociedad. El derecho tiene su propio ritmo, no se lo dicta nadie. El que quiera hacer algo jurídicamente, incluso cambiar el derecho, tiene que seguirle el ritmo. El derecho sólo se cambia con derecho. El derecho democrático no responde simplemente al ritmo de la mayoría. Presupone su próprio ritmo, a partir del cual los ciudadanos pueden entrar e influir en él.

Incorre em erro, todavia, quem retira da afirmação anterior a conclusão de que se está diante de uma visão positivista do sistema jurídico e/ou de que se está frente a uma visão temporal estática das comunicações jurídicas (King, *et al.*, 2009). O fenômeno da vinculação temporal (Luhmann, 1997) que o sistema jurídico possui está ligado ao fato de que o código jurídico vai reafirmar, constantemente, aquilo que lhe pertence e, ao mesmo tempo, aquilo que não lhe pertence.

Tenha-se em mente que na TSAD a norma jurídica não é o centro do sistema jurídico. Não se fala, portanto, em hierarquia. Nem se poderia, quando se pensa a sociedade a partir de um plexo de comunicações intersistêmicas, isto é, em que centro e periferia dependem de uma relação entre sistema/ambiente. Daí, por exemplo, com relação, à Constituição, as teses de Teubner (2012) a respeito das Constituições Civis e da Fragmentação Constitucional, de Marcelo Neves (2012) a respeito do Transconstitucionalismo e de Canotilho (2006) sobre o Interconstitucionalismo, todas com fundo de observação a partir da TSAD e bem resumidas por Tonet (2013).

Nessa esteira, a decisão é o que move o sistema, e as decisões, no Direito, são dadas pelos Tribunais (Luhmann, 1997). São eles que ocupam o centro do sistema jurídico. A legislação é a programação, a membrana do código jurídico. Logo, ocupa posição periférica no sistema jurídico. A jurisprudência, por seu turno, é um movimento interno que comunica as decisões dos tribunais ao código e aos demais subsistemas sociais, dizendo-lhes sua comunicação específica.

O fenômeno da temporalização, assim, resta ligado ao fato de que nem todas as comunicações são capazes de produzir modificação no interior dos demais sistemas. E aqui reside um dos pontos em que se apoia o argumento desta obra: o BRock, ao contrário do rock brasileiro da segunda década do terceiro milênio em relação ao junho de 2013, representou uma espécie de comunicação (musical) que promoveu uma observação pelo código jurídico e que, por ele, foi amealhada, transformando-se, ao final, em comunicação jurídica. *O BRock auxiliou a temporalização do sistema jurídico no Brasil.*

Na sequência da argumentação estabelecida, cabe, nesse momento, a pergunta: afinal: qual a pretensão semântica que o rock avocou para si na sociedade contemporânea? E, mais, o que ele, enfim, comunica a partir de suas operações diferenciadas?

Nesse ponto, é preciso concordar com Bralic (2006, p. 136), para quem músicas inovadoras tais como o rock foi (é), não encontram um sentido idêntico em qualquer outro subsistema social. Sob outro ângulo, ao obedecer a seus próprios limites, o rock encontra-se em um paradoxo, pois, para se reafirmar, ele precisa afirmar o que ele não é. Dessa maneira, seu sentido vai-se manifestando continuamente de tal sorte que o próprio compositor, ao final, não domina mais o ato informativo inicial.

O sistema da arte pode ser compreendido, assim, como um sistema de complexidade temporalizada. Nestes, conforme Carvalho (2005, p. 167), existe uma maior analogia conceitual com uma obra musical enquanto algo que ocorre no tempo. Sua função é, de evento em evento (*blues* para rock, por exemplo), tornar factível a autorreprodução do sistema da arte.

É nessa esteira que se estabelece, segundo Carvalho (2005, p. 168), uma semelhança entre a concepção de sistema temporalizado e aquilo que Adorno considerava ser a essência dinâmica da música, isto é, ela acontecer, faticamente, no tempo. E isso é feito de modo acelerado (García, 2002, p. 501). A ideia da evolução dos subsistemas sociais leva à conclusão de que a música, entre elas, o rock, não consiste num acontecimento no tempo, e sim, uma comunicação inserida em determinado tempo.

Essa compreensão descreve, também, o fenômeno do rock brasileiro dos anos 80. Tido, inicialmente e autorreferencialmente pelo rock de Brasília (Alexandre, 2002), como uma espécie de revolução dos filhos dos burgueses (Urbana, 1985), projetou-se enquanto comunicação para os demais subsistemas sociais de tal sorte que os ruídos por ele produzidos se tornaram, adiante, positivados na CF/88.

Nessa senda, o que o rock comunica não é mais terreno único e exclusivo dele. No jogo de influências recíprocas entres sistemas (Direito) *x* ambiente, a recursividade e a irritação formam um casal que, além de acoplamentos estruturais, produzem uma comunicação musical (rock) que se torna o *medium*, no caso do rock brasileiro dos anos 80, das expectativas normativas da sociedade em relação aos processos de transformação que culminaram na construção de uma nova Constituição Federal, o acoplamento explícito entre os subsistemas do Direito e da Política (Guibentif, 2010, p. 150).

As bandas brasileiras de rock do cenário dos anos 80 somente se tornaram aptas a produzir a comunicação musical orientada para refletir o pensamento da sociedade daqueles idos porque, paradoxalmente, mantiveram, enquanto estilo musical, as características do rock. Sua estabilização sistêmica alavancou mudanças internas e externas ao subsistema da arte.

Nesse sentido, o rock brasileiro daquela época se reproduzia de modo autorreferencial, visto que não inovava, por exemplo, em termos de estrutura musical roqueira. Os arranjos e ritmos eram, em certos aspectos, bastante básicos (Alexandre, 2002). Sua relevância resta centrada no que ele comunicou e menos no que ele, autorreferencialmente, contribui para a evolução do sistema da arte. Nesse ângulo, portanto, o cenário do rock do Brasil nos anos 80 seguiu fielmente a descrição de Luhmann (1997, p. 86) a respeito de um sistema na TSAD, segundo a qual ele "se reproduz a sua reprodução e suas condições de reprodução".

Não era por acaso, pois, que ícones daqueles anos faziam referência direta, por exemplo, aos punks ingleses, aos blueseiros americanos, ao *way of life* pregado por bandas como, no caso de Renato Russo, os Smiths, entre outros. Os depoimentos (Piccoli, 2008) dos envolvidos naquela efervescência são bastante diretos quando diziam que procuravam, inclusive, imitar certos acordes estrangeiros. Quanto mais parecido com o rock, melhor para o rock brasileiro dos anos 80.

Nada de novo. Jimmy Page, do Led Zeppelin (Wall, 2009), e Keith Richards (2010), dos Rolling Stones, dois dos maiores guitarristas de rock de todos os tempos, eram bastante explícitos ao afirmarem, dentro da particularidade de cada uma de suas bandas, que algumas de suas composições mais famosas se configuravam somente em novas leituras de antigos *hits*, chegando-se, em alguns casos, à beira do plágio.

A produção de sentido, seja por meio das novas técnicas de gravação de som ou de estruturação da música, seja por intermédio da já alcunhada comunicação musical, resta atrelada, portanto, no corte proposto, a uma redução de complexidade relativa à sociedade brasileira dos anos 80. Todos os anseios e insatisfações com o sistema de governo vigente à época e à sua Constituição encontraram, dentro dos limites do rock, um tipo de manifestação artística propícia à subversão e às novas mudanças sociais. Uma feliz coincidência. Percepção (Luhmann, 1997, p. 27).

Ao assim se posicionar, a diferença do rock brasileiro na década de 80 do século passado – e que antecedeu o advento da CF/88 – em relação ao rock nacional do terceiro milênio, é o fato de que aquele quebrou a condição do compositor enquanto mero observador de sistemas emergentes na criação de sentido para seu desenvolvimento (Carvalho, 2005, p. 174), enquanto este, ao deixar de se diferenciar, retorna a essa mesma condição, perdendo a capacidade de inovar e de construir futuro.

O rock brasileiro dos anos 80 foi capaz, assim, de espelhar uma percepção existente na sociedade do Brasil àquela época. Transformações e mudanças eram necessárias. E elas eram dirigidas, principalmente, contra as proibições de liberdade e de exercício de direitos civis encontradas na Constituição Federal de 1967. A percepção, contudo, é incomunicável, dada a sua quase inexistente temporalidade. Todavia, ela se materializa a partir da arte enquanto construção de um futuro que ainda não existe mas que se visualiza.

3. O BRock e as expectativas normativas: censura, a censura, a única entidade que ninguém censura

(Rude, 1987)

O subtítulo do segundo capítulo do presente livro é um trecho de uma música da banda brasiliense Plebe Rude. Intitula-se "Censura". Foi escolhido porque espelha, claramente, o sentimento da juventude na década de 1980. A existência de um aparelhato estatal, censura incluída, que se destinava, àquela altura, unicamente à manutenção do poder pelo poder, contrastava com o desejo cada vez mais forte daqueles jovens por mudanças (Alexandre, 2002).

O rock foi uma das alternativas encontradas por eles para comunicar suas expectativas (cognitivas e normativas). Adiante-se: de modo algum, pretende-se defender que o BRock tenha sido o responsável pela redemocratização brasileira. Entretanto, não se pode negar – e isso será provado adiante – que ele se apresentou como um dos fatores que auxiliou a superação, na etapa final da ditadura, do regime militar no Brasil.

Em termos de TSAD, portanto, cabe entender o porquê da escolha da juventude do país na década de 80 do século passado pelo rock como forma de irritação do ambiente dos demais subsistemas sociais, em especial o sistema político e o jurídico, visto que uma Constituição é tida, na referida teoria, como o acoplamento estrutural de ambos os subsistemas (Teubner, 2012, p. 124-138). Dessa relação, todavia, ocupa-se o item 4.1.1.

Nesse momento, importa analisar o que o rock tradicionalmente comunica. Mais: que forma ele comunica, de que maneira ele se distingue em uma sociedade funcionalmente diferenciada, o que foi o BRock, qual a relação (in)existente entre Direito e Rock, e, por fim, quais as expectativas normativas que o rock brasileiro da década de 80 do século passado comunicava.

3.1. O BRock

À evidência que o rock brasileiro dos anos 80, é uma evolução desse estilo praticado no país nas décadas anteriores.[3] Não apenas do rock como também da MPB. Tudo isso, todavia, não por escolha, e sim, por hereditariedade, como relembra Barreiros (2006, p. 3), para quem "os compositores brasileiros de rock, dos anos 80, também pretendiam protestar, mas encontraram a indústria fonográfica nacional asfixiada pela MPB", fato que será comprovado adiante neste mesmo item.

O mesmo autor (Barreiros, 2006, p. 4) rememora que, nos anos anteriores ao rock brasileiro dos anos 80, havia uma dicotomia. Os chamados "monstros sagrados" da MPB (Chico, Caetano, Gilberto Gil, entre outros), junto com a bossa-nova, eram produtos da elite popular, enquanto às massas eram dirigidos os artistas "menos sérios" (Jovem Guarda, bregas). Aqueles estavam atentos ao momento político brasileiro, enquanto estes eram considerados alienados pelos primeiros (Brandão, 2009, p. 2). "A música popular se dividia entre esquerdismo e direitismo, entre e o engajamento e a exaltação das belezas da vida" (Alexandre, 2002, p. 34).

Nessa esteira, como a Jovem Guarda é um movimento que inclui o rock, custa aos "monstros sagrados", até hoje, perceber o potencial subversivo do rock. E a MPB, de fato, não percebeu, à época, a importância do rock brasileiro dos anos 80. Não considerou a inexistência de uma percepção instantânea do que seja arte, e sim, uma evolução que está ligada a uma distinção entre artista e audiência que se desenvolve comunicacionalmente – no tempo – entre ambos em uma relação simbiótica (Luhmann, 2000, p. 21).

Refere-se tal ponto apenas para não deixar de citar que o rock do Brasil teve importantes bandas e artistas, alguns com mais e outros com menos impacto em sua comunicação musical. Os Secos & Molhados eram altamente subversivos durante o auge da ditadura e

---

[3] Para um apanhado histórico das influências do rock pré-anos 80 no BRock, veja-se, por todos: DAPIEVE, Arthur. *Brock: o Rock Brasileiro dos Anos 80*. São Paulo: Editora 34, 2000.

foram um sucesso estrondoso, vendendo mais de 700 mil cópias de seu primeiro LP (Dapieve, 2000, p. 20). Os Mutantes e os Novos Baianos eram parte de uma contracultura. Além disso, Made in Brazil, O Terço, Casa das Máquinas, Raul Seixas, entre outros, podem ser considerados os precursores do que veio a se tornar o rock brasileiro dos anos 80.

O fato que diferencia o BRock, termo utilizado por Nelson Motta (2000, p. 41) para agrupar os artistas e as bandas brasileiras ligadas a esse estilo musical nos anos 80 do século passado, do rock das décadas anteriores – e o que a presente obra pretende demonstrar – é que muito embora de uma qualidade induvidosa, essas bandas/artistas, por motivos diferentes, não conseguiram perturbar suficientemente o ambiente do subsistema social da Política e/ou do Direito. Não conseguiram provocar mudanças e/ou perturbações efetivas em cada um daqueles sistemas. Deram os primeiros passos mas não finalizaram a caminhada. A CF/67 continuou vigendo, e o Brasil se mantinha como um país que passava ao largo da democracia.

É nesse sentido que o BRock, ao assumir claramente o código subversivo/não subversivo com sua conexão democrática, foi capaz de captar o desejo do país e comunicá-lo musicalmente, de tal forma que, como se verá, foi um sucesso enorme em termos de vendas, de críticas e de número de artistas e de bandas. Conforme defende Dapieve (2000, p. 51), parafraseando Renato Russo, era um corte proposital em relação à MPB, uma espécie de valorização da juventude dos anos 80.

Referida juventude desejava mudanças. Elas deveriam ser rápidas. Entre a extinção do AI-5 e a eleição do primeiro presidente civilmente eleito, passaram-se mais de dez anos. A chamada abertura "lenta e gradual" não correspondia mais aos anseios dos jovens brasileiros. As expectativas normativas deveriam ser aceleradas e essa era a grande diferença em relação à MPB (Alexandre, 2002, p. 36):

> Com efeito, um novo comportamento jovem começou a germinar, alheio à grande mídia, imperceptível para quem não estivesse nas ruas, nas praias, vivendo com gente de verdade – e não apenas com executivos de gravadoras, diretores de TV, militantes de esquerda ou técnicos de estúdios na Califórnia. Era um novo comportamento, desprovido do coletivismo hippie dos Novos Baianos, da glamourização odara dos velhos tropicalistas e da politização da MPB esquerdista de Gonzaguinha.

Dapieve (2000, p. 52) refere ainda que suas mensagens eram ligadas ao processo de redemocratização e, portanto, à realidade da juventude daquela época. Uma geração que veio mudar o que já estava estabelecido. Subversiva. Em 1986, por exemplo, o Ira se recusou a tocar no programa especial de Natal do Cassino do Chacrinha. A razão é contada por Edgard Scandurra na obra de Ricardo Alexandre (2002, p. 269):

> O *Cassino do Chacrinha* era um programa montado para tirar dinheiro das gravadoras e fazer com que os artistas tocassem de graça. Um balcão de negócios. O problema era esse contexto político, essa circunstância, tudo o que o programa representava para nossa geração. Uma geração que veio para mudar tudo o que estivesse estabelecido, enfrentando o que já estava totalmente estabelecido...

Mas qual era o contexto do sistema social brasileiro dos anos 80 e no qual floresceu o BRock? Os anos 80 presenciaram o fim da ditadura militar e a queda da censura. Testemunharam o atentado do Riocentro, o movimento da democratização espelhado na campanha das Diretas Já (eleições diretas para Presidente da República), a eleição do primeiro presidente civil – mesmo que de forma indireta – desde o golpe de 1964 (Tancredo Neves). A morte de Tancredo e a insegurança sobre sua sucessão. A Constituição de 1988. Exemplos de uma década que transformou o Brasil e na qual o BRock expressou boa parte da comunicação presente nos ambientes dos subsistemas sociais daquele período.

De outro lado, lembre-se de que BRock foi composto de um sem número de intérpretes, de artistas e de bandas. Eram mais de duzentos (Piccoli, 2008, p. 77). Nesse sentido, apenas e tão somente exemplificativamente (Anexo A), pode-se dizer que fizeram parte desse movimento: Vímana, Legião Urbana, Capital Inicial, Garotos Podres, Ratos de Porão, Sepultura, Plebe Rude, Ultraje a Rigor, Titãs, Paralamas do Sucesso, Engenheiros do Hawaii, Cazuza, Barão Vermelho, Lobão, RPM, Magazine, Metro, Leo Jaime, Ira, Blitz, Biquini Cavadão, Gang 90, Kid Abelha, Cólera, Inocentes, Viper, Nenhum de Nós, Camisa de Vênus, Uns e Outros, Brylho, Cascavelletes, De Falla, Garotos da Rua, Hanoi Hanoi, Heróis da Resistência, Herva Doce, Hojerizah, Inimigos do Rei, João Penca e seus Miquinhos Amestrados, Picassos Falsos, Radio Taxi, Replicantes, Sempre Livre, Skowa e a Máfia, Tókio, Violeta de Outono, Zero, 14 bis, entre outros.

Seguindo, um ponto relevante é o de que, nos anos 80 do século passado, as músicas de rock brasileiro que mais tocaram nas rádios do país pertenciam às seguintes bandas e/ou cantores (Piccoli, 2008, p. 64): Legião Urbana, Titãs, Ultraje a Rigor, Kid Abelha, Cazuza, Ritchie, Lulu Santos, RPM, Os Paralamas do Sucesso e Capital Inicial.

De outro lado, na lista dos 100 maiores discos da música pop brasileira elaborada pela versão brasileira da revista Rolling Stone[4] (Rolling Stone Brasil, 2007), figuram os seguintes discos bandas do rock brasileiros produzidos e lançados durante o hiato relevante para a presente obra (1980-1989): Titãs, Legião Urbana, Ultraje a Rigor, Paralamas do Sucesso, Plebe Rude, Ira e RPM. A classificação é a que segue:

19º – Titãs (Cabeça Dinossauro)

21º – Legião Urbana (Dois)

27º – Ultraje a Rigor (Nós Vamos Invadir sua Praia)

39º – Paralamas do Sucesso (Selvagem)

40º – Legião Urbana (Legião Urbana)

56º – Plebe Rude (O Concreto Já Rachou)

74º – Titãs (Õ Blésq Blom)

81º – Ira (Psicoacústica)

94º – Ira (Vivendo e Não Aprendendo)

99º – RPM (Revoluções Por Minuto)

Dois fatos chamam a atenção. O primeiro é o de que exatamente dez por cento dos discos mais relevantes da história da música brasileira, extremamente rica em gêneros e relevância, provém do espaço temporal do rock brasileiro que esta obra aborda. O segundo é o de que os discos citados, em sua maioria, anteciparam boa parte da positividade constitucional de 1988 conforme se verá no item 3.3. Ambos os fatos justificam, também, o corte epistemológico estabelecido por este livro.

Esses dados são ainda mais relevantes quando se percebe que, na lista em comento, somente dois outros discos dos anos 1980-1989 são nela incluídos. Pertencem à Marisa Monte e a Egberto Gismonti, artistas da assim denominada Música Popular Brasileira (MPB). Dito de outro modo: a relevância de produção da comunicação musical

---

[4] Por que a revista Rolling Stone como parâmetro? Trata-se de um periódico intimamente ligado à música rock. Sua credibilidade é inafastável. De outro lado, a opção pela lista em tela se deu em função do formato da escolha dos discos. Fizeram parte dessa eleição jornalistas especializados, músicos, público em geral, entre outros. Como o mote do presente livro é o de analisar o impacto comunicacional do BRock (exogenia) na positividade da CF/88 (endogenia), o espectro de categorias votantes fornece uma boa amostragem do ruído comunicacional produzido por esse movimento, sem, com isso, desmerecer outras listas – baseadas em outros critérios.

Direito & Rock

brasileira do período 80-89 do século passado é território quase que exclusivo do rock produzido em território nacional. E como é o norte da presente obra, isso se deve ao fato que de ele se tornou o *médium* da insatisfação contida na sociedade, captando seus ruídos por meio daquilo que o rock é e produzindo perturbações nos demais subsistemas sociais (Política e Direito).

A lista da revista Rolling Stone Brasil é bastante parecida com a elaborada por Edgar Piccoli (2008, p. 100). Esse autor enumera os dez discos de rock históricos do Brasil dos anos 1980. As bandas são praticamente as mesmas, variando, às vezes, apenas o álbum. Significa, pois, que há uma certa concordância na crítica musical em relação aos mais importantes discos do BRock. Eis a classificação:

1º – Lulu Santos (O Ritmo do Momento)

2º – Legião Urbana (Dois)

3º – Ultraje a Rigor (Nós Vamos Invadir sua Praia)

4º – Legião Urbana (Legião Urbana)

5º – Os Paralamas do Sucesso (Selvagem?)

6º – Blitz (As Aventuras da Blitz)

7º – RPM (Revoluções por Minuto)

8º – Titãs (Õ Blésq Blom)

9º – Ira (Psicoacústica)

10º – Cazuza (Ideologia).

É uma época, assinale-se, em que a MPB continua relevante. Mas o papel da subversão, ocupado pela MPB durante os anos 60 e os anos 70 do século passado, resta mais acentuado, nos anos 80, pelo rock. E a razão reside, conforme já discorrido, no fato de que dado o seu código específico (subversivo/não subversivo), o BRock comunicou com mais acuidade as expectativas normativas brasileiras daqueles idos.

Não é acaso o fato de o BRock ter sido um sucesso de público e de vendas. Com Dapieve (2000), podem-se conhecer alguns números dessa vendagem. A Gang 90 & as Absurdettes, precursora da Blitz, vendeu 100.000 cópias de seu primeiro disco. Ritchie alcançou a vendagem de 700.000 cópias do disco Voo de Coração. Lulu Santos faturou 200.000 cópias de seu disco Lulu, de 1985. O álbum Dois da Legião Urbana, conseguiu a proeza de vender 1,2 milhão de cópias e seu sucessor (Que País é Este?) também chegou à marca do milhão. O RPM obteve 300.000 vendas de seu primeiro álbum e quase dois milhões de seu segundo (Piccoli, 2008, p. 92). Cazuza vendeu 750.000 cópias de seu primeiro LP. E assim por diante.

Ocorre, todavia, que nem tudo o que é popular necessariamente possui qualidade e/ou produz uma comunicação tal que perturbe os demais subsistemas sociais como foi o caso do BRock. Nesse sentido, acompanhando Millard (2011, p. 196), gize-se que a popularidade do rock evidencia que a subversão por ele defendida permeia várias gerações. Tal é o caso do BRock, ainda hoje um sucesso de vendas e de presença nas paradas musicais e nos mais prestigiosos festivais de rock brasileiros, caso do Rock in Rio de 2013, em que o Capital Inicial arregimentou multidões em seu show.

Ainda mais significativo é perceber que o relançamento do álbum "Cabeça Dinossauro", dos Titãs, evidenciou-se no segundo álbum de rock com mais *downloads* na Itunes Store no mês de outubro de 2013. O primeiro posto foi ocupado por "Lightning Bolt", lançamento do Pearl Jam. Desse modo, em termos de impacto da comunicação musical do BRock, um passeio pelas músicas mais executadas no Brasil na década de 1980 demonstra, claramente, o fenômeno de mídia e de popularidade dessas bandas e de tais artistas. Nota-se que, na medida em que a década se desenrola e o desejo por democracia e por mudanças constitucionais tornam-se mais presentes, maior é o aparecimento do BRock nas listas citadas.

No ano de 1980 (HotBrasil 100, 2013), o topo da lista das 100 músicas mais executadas naquele ano pertencia a um artista da MPB: Gal Costa. O segundo lugar era de uma banda de rock estrangeira, o Pink Floyd, com seu hit "Another Brick in the Wall" – um hino contra a padronização de condutas da juventude. O restante da lista varia, basicamente, entre artistas de outros países e outros da MPB. A participação do BRock era inexistente. O rock nacional aparecia na lista com artistas tais como Rita Lee e 14 Bis. As músicas classificadas não poderiam ser observadas como subversivas (Chega Mais, Planeta Sonho e Nova Manhã).

Em 1981, o panorama seguia quase idêntico ao do ano anterior (HotBrasil 100, 2013). Rita Lee e 14 Bis faziam parte da lista. A rainha do rock nacional, ex-Mutantes, aparece em segundo lugar nas paradas musicais "Baila Comigo". Apenas outra música dela (Lança Perfume) e do 14 Bis (Nova Manhã) estavam entre as mais executadas pelas rádios. Mas há, em 1981, uma novidade. *É a primeira música de uma banda realmente pertencente ao BRock, a Gang 90 & as Absurdettes, a figurar nessa lista.* Seu nome era "Perdidos na Selva". Era o começo da comunicação musical subversiva.

No ano seguinte, em 1982, o BRock começa a se imiscuir entre os artistas estrangeiros e os da MPB – Dalto ocupa o primeiro lugar da lista com a música "Cuida bem de Mim" –, classificando *sete músicas entre os 100 maiores hits no Brasil* naquele ano (HotBrasil 100, 2013). "Você Não Soube me Amar", da Blitz, figura na 14ª posição. Lulu Santos (Tudo com Você, Tempos Modernos), Rádio Taxi (Dentro do Coração) e Eduardo Dusek (Rock da Cachorra) são outros dos artistas BRock a figurar entre os 100 mais executados nas rádios brasileiras. Novamente, nenhuma das músicas em questão possui uma comunicação musical subversiva.

Mas é no ano de 1983 que o BRock realmente toma de assalto o país. Junto à tradicional mistura de artistas estrangeiros e de intérpretes da MPB, *catorze músicas de artistas BRock chegam à lista das 100 músicas mais executadas no Brasil naquele ano* (HotBrasil 100, 2013).

O primeiro lugar das paradas brasileiras de 1983 foi ocupado por Ritchie, do rock brasileiro dos anos 80, com o megassucesso "Menina Veneno" e o *quarto lugar* pertenceu a Lulu Santos, com a o hit "Como uma Onda (Zen Surfismo)". Aquele ainda posicionou outras músicas suas ("Casanova", "Pelo Telefone" e "Vôo do Coração"); este, por seu turno, teve a música "Adivinha o Quê" entre as 100 mais. A eles se juntaram a Blitz ("A Dois Passos do Paraíso" – 22º lugar), o Kid Abelha & os Abóboras Selvagens ("Pintura Íntima" – 26º lugar), Eduardo Dusek ("Barrados no Baile" e "Cabelos Negros" – 51º e 69º lugares, respectivamente) e o Rádio Táxi ("Sanduíche de Coração" – 98ª posição). Tanto quanto nos anos anteriores nenhuma das músicas anteriormente citadas continha mensagens explicitamente subversivas.

O ano de 1984 posicionou vinte e quatro músicas do BRock entre os 100 maiores sucessos radiofônicos do país (HotBrasil 100, 2013). Dois fatos são notáveis:

a) pelo segundo ano consecutivo, o primeiro lugar das paradas era ocupado por um artista BRock, dessa feita pelo Titãs ("Sonífera Ilha");

b) a lista continha a primeira música BRock – de sucesso – realmente subversiva, um dos hinos do movimento pelas Diretas Já. Era "Inútil", do Ultraje a Rigor, em décimo lugar.

Para além disso, é de se notar que o *segundo lugar* foi ocupado por Kid Abelha & os Abóboras Selvagens ("Como eu Quero"). Essa mesma banda ainda possuía duas outras músicas na referida lista. Eram: "Fixação" (39º lugar) e "Por que Não Eu?" (65ª posição). Os Paralamas do Sucesso, com "Óculos", estavam na quarta posição e inseriam outras duas músicas nas paradas: "Meu Erro", no 22º posto e "SKA", fechando a lista. Os demais artistas eram: Eduardo Dusek ("Brega-Chique" – 13º lugar e "Lua My Love" – 77º lugar), Barão Vermelho ("Bete Balanço" – 17ª posição e "Maior Abandonado" – 63ª posição), Sempre Livre ("Eu Sou Free" – 23º lugar), Lobão e os Ronaldos ("Me Chama" – 24ª posição), Rádio Táxi ("Eva" – 28º lugar), Lulu Santos ("Certas Coisas" – 49ª posição), Ritchie ("A Mulher Invisível" – 54º lugar), Magazine ("Tic-Tic Nervoso" – 59ª posição), Metrô ("Beat Acelerado" – 75º lugar), Trio Los Angeles ("Transas e Caretas" – 76ª posição) e Blitz ("Betty Frígida" – 82º lugar).

O BRock iniciava seu auge, consolidado com outras *vinte e quatro músicas*, entre as top 100 nas rádios brasileiras no ano de 1985 (HotBrasil 100, 2013). Exatamente como em 1984, quase vinte e cinco por cento das paradas de sucesso eram provenientes de artistas e de bandas BRock, comprovando, novamente, que sua comunicação musical ecoava no ambiente dos demais subsistemas sociais como uma forma de perturbação ao quadro outrora estável entre artistas MPB e estrangeiros na liderança dos sucessos no país.

Nesse sentido, fizeram parte da lista mencionada: Cazuza ("Exagerado" – 8º lugar), Legião Urbana ("Será" – 11ª posição, "Ainda é Cedo" – 19º posição e "Geração Coca-Cola" – 51ª posição), Ultraje a Rigor ("Nós Vamos Invadir sua Praia" – 11º lugar e "Eu me Amo" – 90º lugar), RPM ("A Cruz e a Espada" – 21ª posição), Titãs ("Televisão" – 22º lugar e "Insensível" – 89º lugar), Os Paralamas do Sucesso ("Me Liga" – 28ª posição), Herva Doce ("Amante Profissional" – 29º lugar), Metrô ("Tudo Pode Mudar" – 30ª posição e" Ti Ti Ti" – 71ª posição), Léo Jaime ("O Pobre" – 33º lugar), Biquini Cavadão ("Tédio" – 37ª posição), Kid Abelha & os Abóboras Selvagens ("A Formula do Amor" – 47º lugar), Dr. Silvana & Cia. ("Serão Extra (Eu Fui Dar Mamãe)" – 61ª posição), Kiko Zambianchi ("Chove (Primeiros Erros)" – 63º lugar), Absyntho ("Lobo" – 75ª posição), Blitz ("Egotrip – 76º lugar), Ritchie ("Só Pra o Vento" – 95ª posição) e Lobão & os Ronaldos ("Corações Psicodélicos" – 96º lugar).

No ano de 1986, por seu turno, *dezenove músicas* do BRock foram classificadas entre as mais tocadas nas rádios do país (HotBrasil 100, 2013). As posições eram as seguintes: Legião Urbana ("Eduardo e Mônica" – 4º lugar, "Índios" – 16º lugar, "Tempo Perdido" – 30º lugar), Os Paralamas do Sucesso ("Alagados" – 7ª posição, "Você" – 56ª posição e "Melo do Marinheiro" – 90ª posição), Titãs ("AAUU" – 12º "lugar e Polícia" – 88º lugar), Ritchie ("Transas" – 23ª posição), Lobão & os Ronaldos ("Decadence Avec Elegance" – 28ºlugar), Capital Inicial

("Música Urbana" – 30ª posição e "Veraneio Vascaína" – 100ª posição), Camisa de Vênus ("Só o Fim" – 33º lugar), Engenheiros do Hawaii ("Toda Forma de Poder" – 39ª posição), Kid Abelha ("Garotos" – 40º lugar), Lulu Santos ("Tudo Bem" – 50ª posição), Tokyo ("Garota de Berlim" – 66º lugar) e Cazuza ("Codinome Beija-Flor" – 91ª posição).

Em 1987, foram *dezessete músicas* BRock na lista das 100 mais executadas pelas rádios brasileiras (HotBrasil 100, 2013). Em ordem, dessa feita, constavam: Legião Urbana ("Que País é Este?" – 2º lugar, "Faroeste Caboclo" – 24º lugar), Lulu Santos ("Um Certo Alguém" – 4ª posição), Cazuza ("Codinome Beija-Flor" – 7º lugar), Ira ("Flores em Você" – 13ª posição), Capital Inicial ("Descendo o Rio Nilo" – 17º lugar), Kid Abelha ("Amanhã é 23" -19ª posição), Titãs ("Homem Primata" – 25º lugar, "Família" – 65º lugar e "AAUU" – 81º lugar), Engenheiros do Hawaii ("Infinita Highway" – 33ª posição, "Terra de Gigantes" – 79ª posição e "A Revolta dos Dândis" – 97ª posição), Rádio Táxi ("Passos no Porão" – 67º lugar), Kiko Zambianchi ("Hey Jude" – 86ª posição e "Rolam as Pedras" – 94ª posição) e Ultraje a Rigor ("Eu Gosto é de Mulher" – 96º lugar)

No ano da promulgação da Constituição do Brasil, em 1988, eram *dez músicas* do BRock entre as 100 mais populares do país (HotBrasil 100, 2013). O *primeiro lugar* era ocupado por Cazuza ("Faz Parte do Meu Show"). O mesmo artista estava na quinta (Ideologia) e na septuagésima-terceira posição ("Vida Fácil"). Os outros artistas a figurarem na lista em análise eram: Titãs ("Marvin" – 11º lugar), Os Paralamas do Sucesso ("Quase um Segundo" – 32ª posição e "O Beco" – 50ª posição), Lulu Santos ("A Cura" – 34º lugar), Barão Vermelho ("Pense, Dance" – 36ª posição) e Ritchie ("A Sombra da Partida" – 64º lugar).

Um ano após a vigência da CF/88, a lista das 100 músicas mais executadas no Brasil continha apenas *oito músicas* BRock (HotBrasil 100, 2013). A tradicional mistura de artistas MPB com estrangeiros havia voltado com força. Com exceção da música de Cazuza (Ideologia – 97ª posição), nenhuma outra de autoria ligada ao BRock continha conteúdo ligado à subversão. A democracia, mesmo frágil, já se instalara no Brasil. Os artistas que se posicionaram na lista em comento foram: Inimigos do Rei ("Adelaide" – 6º lugar e "Uma Barata Chamada Kafka" – 39º lugar), Legião Urbana ("Pais e Filhos" – 21ª posição), Kiko Zambianchi ("Hey Jude" – 77º lugar), Kid Abelha ("Dizer Não é Dizer Sim" – 81ª posição), Evandro Mesquita ("Babilônia Maravilhosa" – 82º lugar) e Titãs ("Flores" – 89ª posição).

Desse modo, insta destacar que, de 1980 a 1989, em três anos (1983, 1984 e 1988), a lista das 100 músicas mais executadas nas rádios brasileiras teve seu topo ocupado por artistas do BRock. Nesse aspecto, não se pode dizer, conforme demonstrado no item 3.3., que as músicas dos anos de 1983 e 1984 tivessem um apelo musical subversivo muito forte. Serviram, todavia, como porta de entrada para que essas bandas fossem aceitas pelo mercado musical e que, por meio dele, pudessem contestar o estado das coisas no Brasil dos anos 80.

Tal popularidade foi benéfica ao BRock. À credibilidade popular se juntava outra: a da crítica musical, sempre importante dentro do sistema artístico, especialmente na concepção de campo de Bourdieu (1996, p. 206). A façanha de encaixar quase um quarto de 100 músicas nas paradas musicais brasileiras em dois anos (1984-1985) seguidos fez com que cada um pudesse fazer o som que realmente desejava (Alexandre, 2002, p. 268) sem seguir um estilo fixo, uma fórmula de sucesso. A diversidade proporcionou a diferenciação e, por conseguinte, a inovação, na esteira do que defende a TSAD (Borch, 2011).

A passagem de uma comunicação musical de pouco impacto na sociedade brasileira para uma de grande perturbação entre os subsistemas sociais funcionalmente diferenciados deve ser compreendida na esteira de que se trata de uma reação, também, às comunicações musicais produzidas pelos estilos até então vigentes (MPB em especial). Como defende Barreiros (2006, p. 8):

> Note-se que a predominância do rock em detrimento dos ritmos regionais brasileiros pode ser entendida como reação à excessiva valorização de que eles desfrutavam nas décadas anteriores. Entendamos os roqueiros da década de oitenta, portanto, como uma geração que pretende *responder* às anteriores.

Nessa esteira, o triênio 1985-1987 pode ser considerado como o auge do BRock em termos tanto de sucesso quanto de impacto de sua comunicação musical. Terá sido coincidência que ele tenha ocorrido justamente na fase em que se escreve a nova Constituição brasileira e que, no ano de sua promulgação (1988), somente *dez músicas* de seus artistas e de suas bandas tenham figurado entre as *top* 100 (HotBrasil 100, 2013)? Será coincidência que, em 1989, um ano após a Constituição ter sido promulgada, o número de músicas BRock na lista das 100 mais tenha decaído, e que aquelas permanentes não tivessem um conteúdo subversivo acentuado?

Não se descarta essa hipótese. Não se pode negar, entretanto, que há uma curva (ascendente e descendente) que localiza a relevância do BRock justamente no período em que criaram novas expectativas normativas, isto é, no espaço temporal em que se desejava, mediante uma nova Constituição, modificar a realidade anterior e construir um novo futuro (democrático). A ligação entre Direito e Rock é, portanto, evidente e factível.

3.2. Direito x rock? (Direito e rock, Direito no rock e Direito do rock)

O envolvimento entre Direito e música (rock – sistema da arte) evidencia-se, antes de tudo, num tema antigo. Como relembra García (2002, p. 502), a palavra *nomos*, na Grécia antiga, era aplicada indistintamente no Direito e no campo da música. Platão, a respeito(1999, p. 31), entendeu ser curioso o fato de as canções não serem transformadas em leis. Há outros exemplos. García (2002, p. 502-503) lembra que:

1) Vico assinalou que os homens formaram suas primeiras línguas cantando, e que os romanos marchavam entoando suas leis;
2) Rousseau, que, além de cientista político, era compositor e teórico musical, achava bastante razoável que as primeiras leis fossem cantadas;
3) Nietzche propõe que a música seja a base do Estado;

Mas rock e Direito? Ou Direito e rock? Marguénaud (2011, p. 1-2) refere que tentar estabelecer uma conexão entre Direito e rock é aparentemente uma tarefa impossível. Ocorre que, para o autor citado, o rock é desordem, e o Direito é ordem. O rock é subversão, enquanto o Direito é coesão. O rock é o exacerbamento de tensões, e o Direito procura solucioná-las. O rock é contracultura, e o Direito é cultura policialesca.

Em analogia, García (2002, p. 516) menciona que o rock é ritmo, antecipador de futuro e construtor de uma nova observação, sincopada e em sincronia com a realidade; o Direito, por seu turno, é percussão, um chamado à ordem, a ser feito, inclusive, de forma violenta, se for o caso. É preciso seguir ordenadamente em determinada direção para que a música seja, enfim, música. Para que o rock seja rock.

De outro lado, Nehring (1993) defende que estudar academicamente o rock consiste numa tarefa possível e que já é realizada em outras áreas do saber com sucesso. Nesse sentido, o rock, para os fins a que o presente texto se propôs, é, de alguma forma, revelador de uma consciência jurídica (Marguénaud, 2011, p. 2) que se exprime, em determinado momento e com uma certa estrutura, em comunicação musical. Ambiente de demais subsistemas. Ruído que precisa ser codificado pelos diferentes subsistemas sociais.

Na proposição de Marguénaud (2011, p. 6), existe um Direito contestado pelo Rock (abordado nos itens anteriores) e um Direito protegido e enriquecido pelo rock. Em termos de TSAD, há uma clausura operativa (contestação) e uma abertura cognitiva (comunicação musical) que o rock proporciona para os subsistemas sociais do Direito e da Política, visto que a Constituição é o acoplamento estrutural entre ambos.

Mas pode, então, o rock ser considerado uma força criadora do Direito? Essa é a questão colocada por Beauvais (2011, p. 51). O autor argumenta, dizendo que uma resposta positiva seria um excesso, embora não se possa negar o seu poder de desestabilização política, especialmente em Estados Totalitários.

Frente a esse pensamento, importa referir ser interessante que, durante muito tempo, autores jurídicos e professores da área usaram analogias entre Direito e Literatura para justificar a conexão entre Direito e Arte (Trindade & Schwartz, 2008). Raramente, fizeram-se por meio de músicas (Balkin & Levinson, 1999, p. 6). A relação em solo brasileiro, por exemplo, é bastante profícua (Schwartz, 2006, p. 46-61). Uma melhor analogia, todavia, seria feita por meio da conexão entre música (rock) e Direito (Balkin & Levinson, 1999, p. 6):

> A much better analogy, we think, is to the performing arts – music and drama – and to the collectivities and institutions that arecharged with the responsibilities and duties of public performance. In other words, we think it is time to replace the study of law as literature with the more general study of law as a performing art.

Essa é uma visão bastante semelhante à do Warat da última fase (2004), para quem o Direito aprisiona, enquanto a arte liberta. A arte teria o potencial libertário que, um dia, o Direito possuiu e que agora dele sente falta. O Direito voltaria, com o auxílio da música, a possuir um senso estético (Manderson, 2000). A arte pode resgatar o caráter sagrado acobertado pelo sentido profano que ao Direito é dado pela sociedade contemporânea como exemplifica Calvo Gonzáles, em sua análise sobre a pirâmide normativa kelseniana e a obra de Ravel (2012, p. 206-209) e também em suas conexões entre Direito e Justiça por meio de algumas "notas" musicais (Calvo Gonzáles, 2005).

Nessa mesma linha de raciocínio, Balking e Levinson (1999, p. 6) defendem que o Direito, tal qual a música ou o drama, é mais bem compreendido enquanto performance. O ato de dar vida ao texto é mais importante do que o texto em si. Direito e música exigem a transformação da tinta nos textos em comportamentos esperados dos outros (expectativas normativas). Em suas palavras:

Like music and drama, law takes place before an audience to whom the interpreter owes special responsibilities. Legal, musical, and dramatic interpreters must persuade others that the conception of the work put before them is, in some sense, authoritative. And whether or not their performances do persuade, they have effects on the audience.

De todo modo, justamente por ser mais avançada, pode-se usar, analogicamente, a classificação utilizada pelo *Law And Literature* (Schwartz, 2006, p. 52-53) para distinguir potenciais usos de uma observação do Direito pelo rock e vice-versa. Dessa maneira, que um objeto de estudo de tal aproximação passaria – pelas próprias razões apontadas pelos autores do Direito & Literatura, por:

a) Direito e rock
b) Direito no rock
c) Direito do rock

A classificação proposta apresenta-se tão somente como uma tentativa de ordenamento das possibilidades advindas dessa conexão. Não é seu objetivo, portanto, exaurir o tema. Serve, entretanto, dentro dos propósitos da presente obra, para deixar cristalino que o rock pode-se tornar tanto um observador de segunda ordem do subsistema do Direito quanto comunicação presente em seu ambiente.

3.2.1. Direito e rock

As conexões entre *Direito e rock* são aquelas que, justamente, se exploram na presente obra, e, mais especificamente, pelo item que ora se desenrola. Preocupa-se, portanto, em saber de que maneira rock e Direito desenvolvem um relação comunicacional que influencia – e modifica – ambos os subsistemas sociais. Um exemplo dessa vertente seria o estudo do uso da interpretação musical na hermenêutica constitucional elaborado por Marisi (2011).

Como afirma Luhmann (2000, p. 228), a arte estabelece relações com o mundo e dele copia recursos que lhe proporciona a necessária abertura para a mudança. Nessa linha, não se constitui surpresa a compreensão de que o rock, como qualquer modo de arte, e o Direito estabelecem conexões. Em certos momentos, isso ocorrerá de modo mais intenso (BRock) e outro, de uma maneira mais fraca (Junho de 2013), a depender da capacidade do sistema da arte em temporalizar de modo mais ou menos acelerada o seu ambiente

Tal observação não é despropositada. Olteteanu (2011, p. 257) defende que a música possui uma ontologia social que perpassa o seu significado na modernidade, seus aspectos de linguagem e de ritmo, e, também, o uso social da música. A respeito desta última, o autor refere que a música é a candidata ideal para articular o que é essencial na linguagem, podendo afetar o terreno das ideias quando seu relacionamento com a ambiência está conectada a uma possibilidade de transformar o mundo de tal sorte que ele, o mundo, a ela responde e a ela reage.

E isso é bastante simples de se entender quando se compreende que nem sempre as palavras conseguem comunicar tudo aquilo que se pretende. É a ideia básica esposada por Warat (1995) para dizer que todo consenso (Lei) é, em algum momento autoritário. Como a música consegue expressar aquilo que as palavras deixam de dizer, tem-se que ela, incluído o rock, é libertária e transformadora.

3.2.2. Direito no rock

O *Direito no rock* tem como preocupação central verificar como o rock interpreta e narra tanto o *Recht* quanto o *Unrecht*. A possibilidade de uma abordagem dos problemas do subsistema jurídico, por meio do subsistema da arte, já foi, no Brasil, estudada anteriormente. Nessa esteira, Mônica Sette Lopes[5] (2012, p. 104) defende que:

> O uso da música para expor o direito constituiu um caminho infinito de possibilidades sem modelo obrigatório ou exauriente, como todos os outros que envolvem as relações dele com arte (literatura, cinema, pintura, teatro, etc.). Não se trata, porém, do intérprete a esmo. Mas do exercício de confronto entre os processos hermenêuticos com a aproximação de elementos metafórica ou literalmente expostos pela música. Pode-se ilustrar o conflito a partir da letra da canção. Pode-se fazer analogia a partir da música (como texto ou com som) ou da história do compositor ou do cantor-instrumentista. Pode-se fazer a conexão da música com uma lembrança ou uma história absolutamente pessoal. Pode-se explorar a relação entre a música e os vários auditórios historicamente situados.

Estudos de Direito no Rock não são raros. Nesse particular, por exemplo, Bagenstos (2005) fala a respeito de como o Direito é uma força negativa nas músicas de Bruce Springsteen, em especial em uma

---
[5] Monica Sette Lopes possui um programa apresentado desde Setembro de 2007 na rádio UFMG. Intitula-se Direito e Música. É retransmitido pela Rádio Justiça (radiojustica.jus.br).

denominada "The Promise". Para o autor, o *boss* deixa claro que o Direito não é uma fonte de esperança ou de inspiração nas vidas das pessoas. O Direito se configuraria, para Springsteen, em uma fonte de insensibilidade e de falta de calor humano, sendo, até mesmo, patético – irrelevante, no mínimo – para resolver os problemas pessoais dos seres humanos e da classe operária americana.

Na mesma linha, Bazemore (2000) estabelece interessante estudo procurando demonstrar como os princípios da Justiça Restaurativa – e seus porquês – estão contidos na comunicação musical do rock. Traça, inclusive, um paralelo: aqueles que não abraçam a justiça restaurativa o fazem pelo mesmo motivo daqueles que não escutaram o rock de Elvis Presley, de Chuck Berry ou de Litlle Richard. A razão seria o puro desconhecimento e, em alguns casos, o preconceito.

A música, ainda, é bastante útil, a partir de uma visão interdisciplinar, para promover resolução não violenta de conflitos justamente porque ela retorna ao ambiente, na maioria das vezes, em uma espécie de comunicação contrária à guerra, a favor dos direitos humanos e de caráter democrático (Grant, *et al.*, 2010).

Ainda no contexto do direito no rock, Magnon (Magnon, 2011) faz uma análise das letras de Bob Dylan entre 1962 e 2001 para descobrir o sentido dado sobre a justiça pelo bardo americano. Um estudo com mesma semelhança é realizado, dessa feita por Szymczak (2011), para verificar como a anarquia e o niilismo estão presentes nas canções da *new wave punk*. Com o mesmo objetivo, Garcia (2011) procura abordar como o rock transparece os problemas dos direitos das mulheres na sociedade em que se insere.

Seguindo, Marcelo Mayora (2011) utiliza a criminologia cultural, tendo como pano de fundo, o rock, para analisar como se deu a transformação da percepção do uso de drogas – e as reações legislativas – a partir da década de 60. Moyses Pinto Neto (2011) traça uma linha do tempo do rock desde os anos 50 até os dias atuais, com especial ênfase nos Beatles e no Radiohead, a fim de correlacioná-lo com temas políticos, tudo isso a partir de referenciais tais como Walter Benjamin, Guy Debord e Giorgio Agamben. Salo de Carvalho (2011), por seu turno, utiliza como recurso de interpretação o rock (movimento *punk*) para analisar os movimentos urbanos de ativismo, caracterizados pelas agências de controle social como subculturas criminais ou tribos.

Também, sob a perspectiva do direito no Rock, e assim como no Direito & Literatura (Schwartz, 2006, p. 52-61), é possível que o primeiro proporcione aos juristas algumas observações a respeito de sua prática e do Direito em si, algo normalmente distante da rotina diária de petições, defesas, sentenças, recursos, prisões, entre outras. Pearce (2005), junto com outros autores, apresenta as seguintes utilidades de uma tal observação:

1) Os advogados podem reencontrar sua paixão pelo Direito pela energia que o rock produz por intermédio de suas pautas ligadas, por exemplo, aos direitos humanos.

2) O rock pode ser um lugar em que os advogados readquiram o sentido de sua profissão: posicionar-se contra todos em defesa de um interesse por ele patrocinado.

3) O rock é democrático, e o advogado é peça essencial para a continuidade democrática dos governos, assim como a CF/88 prevê em seu artigo 133: "o advogado é indispensável à administração da justiça".

Dessa maneira, percebe-se que as possibilidades advindas de uma análise de como o rock narra o Direito é altamente relevadora, inclusive porque aquele antecipa este, como no caso do BRock.

3.2.3. Direito do rock

De outro lado, o *Direito do rock* centra-se no rock enquanto objeto de proteção jurídica. Incluem-se aí assuntos tais como o direito de imagem (Tricoire, 2011), os direitos da propriedade intelectual (Moureau, 2011), o direito à fiscalização dos direitos dos roqueiros (Dussart, 2011), entre outros.

O direito do rock também se ocupa da análise de como os governos intervêm nas questões anteriormente citadas mediante a produção legislativa incentivadora da produção de bens culturais (Frith, 1993, p. 17). É a chamada economia criativa, orientada para que a cultura possa se transformar em elemento de desenvolvimento de uma determinada sociedade. O rock é, pois, compreendido como um produto comercial (Rutten, 1993, p. 38).

Já no âmbito da proteção dos direitos fundamentais, o direito do rock se orienta para a determinação do assim denominado conteúdo dos direitos de ouvir, de (re)produzir e circular música, em especial em épocas de conteúdos digitais e sem fronteiras (Reid, 2012).

A partir dessa divisão, a presente obra (Direito e Rock) passa a verificar de que modo as expectativas normativas da sociedade brasileira nos anos finais da Ditadura Militar foram capturadas, processadas e expelidas ao ambiente do subsistema Político e do Direito pelo BRock.

3.3. Expectativas normativas da sociedade brasileira nos anos finais da ditadura militar e o BRock

Como compreender as expectativas normativas no contexto da TSAD? É preciso, antes, dominar alguns conceitos, em especial os de complexidade, de risco e o de seletividade. Nessa esteira, o sistema social apresenta mais possibilidades do que o senso humano pode perceber. Assim, ele é complexo demais para sua capacidade sensitiva. *Complexidade*, para Luhmann, significa dizer que "sempre existem mais possibilidades do que se pode realizar" (1983, p. 45). Já a *contingência* reside no fato de que "as possibilidades apontadas para as demais experiências poderiam ser diferentes das esperadas" (1983, p. 45).

Em outras palavras: complexidade é seletividade forçada. A contingência tem como intrínseca a possibilidade de desapontamento. Daí que surge outra variável essencial no pensamento luhmanniano: *o risco* (Schwartz, 2004). O risco está ligado à contingência e faz com que sua presença seja inevitável ante a impossibilidade de segurança de uma decisão correta frente às múltiplas possibilidades decisórias de uma sociedade baseada na comunicação e que vive na era da comunicação. Há que selecionar. Com base em estruturas e na organização de cada subsistema. Uma seleção forçada.

Essa seletividade forçada é feita por meio dos *sentidos* do homem, visando a uma imunização do risco. A partir daí, encontra-se outra figura-chave na TSAD: a *expectativa*, ancorada nas identidades apreendidas dos sentidos (coisas, homens, eventos, entre outros). Dita expectativa, em outras palavras, é ver com os olhos dos outros. Ela aumenta a seletividade imediata da percepção.

Isso faz com que o risco esteja potencializado na sociedade contemporânea (Beck, 2012), forçado pela *dupla contingência* do sistema social: alguém só reconhece suas expectativas por meio das expectativas de um outro. Se ele pode errar, o outro também pode. Essa dupla contingência necessita de uma *estrutura de expectativas* muito mais complicada do que nas sociedades de contingências simples: *a expectativa de expectativas*. Nas palavras de Luhmann (1983, p. 47):

Para encontrar soluções bem integráveis, confiáveis, é necessário que se possa ter expectativas não só sobre o comportamento, mas sobre as próprias expectativas do outro.

E é na interseção entre a expectativa de uma pessoa e a expectativa que ela possui sobre a expectativa de outrem, que reside a função da norma jurídica, ou seja, da positividade do Direito. Todavia, a fim de que a *indeterminação* jamais alcance um ponto em que a psique do homem não suporte as expectativas de expectativas, *o Direito torna-se um mecanismo redutor de complexidade*, em que a norma serve para orientar o indivíduo, trazendo consigo a possibilidade de risco, dispensando a orientação a partir de expectativas e, logo, reduzindo a probabilidade de dano futuro (risco).

Desse modo, para que exista uma logicidade mínima no que tange à complexidade e à contingência experimental, é necessário estabelecer uma *estrutura* para as expectativas concretas. Dita estrutura é definida mediante sua seletividade, em especial sua *dupla seletividade*. Um primeiro momento ocorre quando se opta por uma comunicação dentre várias possíveis. Essa escolha consiste num mecanismo redutor de complexidade baseada na *expectativa* de quem escolheu a linguagem de que o escolhido tivesse a *expectativa* de que aquele fosse o símbolo escolhido. Assim, *estruturas* surgem de uma suposição em comum, e sua redutibilidade reside em sua capacidade de obscurecer as alternativas. Logo, todas as estruturas têm conexão com o desapontamento, tornando-se mister aceitar os *riscos*.

Com esses pressupostos em mente, Luhmann classifica as expectativas (1983, p. 56-57) em: (a) *cognitivas* – na sua existência, o desapontamento é dirigido para uma adaptação à realidade. Há, assim, uma disposição inconsciente para sua assimilação; (b) *normativas* – em que, existindo o dano, a expectativa não é abandonada. As normas são expectativas de comportamento e se estabilizam de um modo contrafático (Rocha, 1998).

A partir daí, a estratégia é uma fixação antecipada da forma de reação. Dito de outro modo: antecipar o futuro e, ao mesmo tempo, minimizar os riscos. Isso é feito mediante a sustentação de uma contradição: a possibilidade do desapontamento pode ocorrer, e quando ocorrer, pode ser tanto benéfica quanto maléfica, dependendo do ponto de vista do observador. Somente assim poderá haver uma menor complexidade interna do sistema, encobrindo-se a possibilidade do comportamento oposto.

Assim, expectativas cognitivas não são censuradas e/ou desapontadas. De outro lado, se as expectativas normativas são violadas, forma-se a norma de maneira *a posteriori*. Esse é um ponto sobre o qual a presente análise entre Direito & Rock se assenta: a produção da CF/88 ocorre depois do BRock. Logo, a comunicação musical analisada neste item encaixa-se no conceito de expectativa normativa.

Nessa esteira, percebe-se que, dada à sua diferenciação funcional, o rock possui um grande impacto social. O rock é, efetivamente, um notável operador das mudanças sociais (Hein, 2011, p. 37). Em termo de TSAD, o rock produz uma espécie de comunicação musical que traz grandes impactos no ambiente que circunda os subsistemas sociais. Ele auxilia uma crítica social e, por isso, torna-se um dos elementos de expressão pela variabilidade sistêmica da produção de sentido.

Não é por acaso que o político que ficou mais diretamente ligado à elaboração da CF/88, Ulisses Guimarães, durante os comícios das "Diretas Já" chegou a cantar o início da música "Inútil" da banda de rock Ultraje a Rigor: "a gente não sabemos escolher presidente" como uma maneira de contestar a proibição das eleições presidenciais de modo direto vigente durante a CF/67. Nas palavras de Edgard Scandurra (Piccoli, 2008, p. 71), guitarrista do Ira:

> Ultraje a Rigor era uma banda divertidíssima... Ela quebrou aquela coisa sisuda do rock paulistano, de protesto, mas não deixou de manter a contestação. Talvez um dos grandes hinos da abertura política no Brasil tenha sido Inútil. "A gente não sabemos escolher presidente, a gente não sabemos tomar conta da gente" era uma crítica social.

Assim, nesse ponto do livro, pretende-se verificar, por meio da análise das letras das bandas componentes do BRock, como elas conseguiram espelhar as expectativas normativas que a sociedade brasileira possuía durante o final da ditadura militar canarinha. É a mesma época em que o BRock toma relevo. Coincidência? Não. Resultado da influência recíproca entre o sistema da arte e os sistemas políticos e jurídicos (Constituição).

É, contudo, praticamente impossível analisar todas as letras dos membros do BRock. A uma porque listar todas as bandas e intérpretes é tarefa hercúlea em país diverso e de extensão continental; a duas, porque nem todos os discos restam disponíveis para a verificação necessária, sendo que alguns deles não são encontrados nem em sebos musicais.

Desse modo, o corte proposto resta cindido ao informado no item 3.1., isto é, a uma amálgama entre as bandas que fazem parte da lista dos 100 melhores discos de música brasileira de todos os tempos (Rolling Stone Brasil, 2007) e os artistas que eram mais executados durante a época citada (Piccoli, 2008, p. 64).

Trata-se, portanto, de uma amostragem a partir dos pressupostos deste livro. São essas as bandas/intérpretes, sem qualquer espécie de hierarquia, que tiveram maior impacto na sociedade brasileira e que foram capazes de comunicar as expectativas normativas posteriormente positivadas na Constituição Federal de 1988: Legião Urbana, Titãs, Ultraje a Rigor, Kid Abelha, Cazuza, Ritchie, Lulu Santos, RPM, Os Paralamas do Sucesso, Capital Inicial, Ira e Plebe Rude.

E como isso foi realizado? As letras de cada banda e de cada intérprete foram exaustivamente analisadas a partir da positividade constitucional brasileira de 1988. A partir daí, foram agrupados os excertos que traduziam as expectativas normativas da sociedade brasileira na década de 80. Com isso, chegou-se a grupos temáticos. A demonstração de como elas foram positivadas será levada a cabo no item 4.2.

Em outras palavras: nesse ponto da obra, o cerne é reunir o que se esperava do sistema político e do sistema jurídico em sua nova Constituição. A tarefa de como isso se transformou em um código Recht/Unrecth e no subcódigo constitucional/inconstitucional, ou seja, em programação do sistema jurídico, é tarefa posterior.

3.3.1. A Desesperança sob o Manto da CF/67

A apatia e a aceitação do regime ditatorial sob o qual viviam os brasileiros antes do fim da ditadura de 1985 e depois do Golpe de 1964, transformaram-se em um lirismo da desesperança. Muitas vezes, essa verificação de que o presente era justamente o futuro projetado pelos militares impunha, não raramente, a saída do país para que os direitos pretendidos fossem efetivamente exercidos. Mas em outras paragens. A canção *Juvenília* (RPM, 1985) assim narra o sentimento de que o aeroporto (exílio) era a única alternativa para a juventude brasileira:

Parte o primeiro avião
E eu não vou voltar
E quem vem para ficar
Para cuidar de ti
Terra linda
Sofre ainda a vinda de piratas
Mercenários sem direção

Como se percebe da letra do RPM, há certa ambiguidade. Ao mesmo tempo em que a saída do país aparece como a alternativa possível, existe um sentimento de brasilidade. Em alguma vezes, tal sentimento foi perdido, muito pelos bordões típicos da ditadura, tais como: "Brasil, ame-o ou deixe-o". Em *Não Sou de Lugar Nenhum* (Titãs, 1987), verifica-se a perda do sentimento da nacionalidade pela falta de identificação com o governo vigente à época:

> Não sou de Brasília
> Não sou do Brasil
> Nenhuma pátria me pariu

Note-se que Brasil e Brasília são tratados diferentemente. Esta representa um governo ilegítimo sob o ponto de vista democrático e constitucional; aquele, por seu turno, é a nação, a pátria. E esse pertencimento restava esquecido especialmente em função da positividade daqueles que julgavam preservar o Brasil. Era a hora, portanto, da revolução.

3.3.2. Subvertendo a ordem estabelecida

A urgência pelas mudanças a fim de buscar a superação do regime militar foi espelhada em várias letras de canções de grande impacto do BRock. A Legião Urbana, em seu álbum de lançamento, por meio de seu carismático líder Renato Russo, assim expunha o grito por uma revolução proveniente de uma geração (metáfora) Coca-Cola (Urbana, 1985):

> Vamos fazer nosso dever de casa
> E aí então, vocês vão ver
> Suas crianças derrubando reis
> Fazer comédia no cinema com as suas leis.
>
> Somos os filhos da revolução
> Somos burgueses sem religião
> Somos o futuro da nação
> Geração Coca-Cola

Havia, na letra da Legião Urbana, um hino da juventude da época, de uma forma bastante clara, o código subversivo/não subversivo próprio do rock. E, mais, ínsita estava a busca pela democracia como a programação que estava sendo criada para um futuro de um horizonte muito próximo.

Nessa esteira, uma banda que teve um sucesso estrondoso, talvez o de maior impacto do BRock em sua curta trajetória, possuía um nome que era bastante sugestivo: Revoluções Por Minuto. Na música *Rádio Pirata* (RPM, 1985), um dos *hits* do BRock, a busca pela revolução era descrita da seguinte maneira:

Toquem o meu coração
Façam a revolução
Que está no ar, nas ondas do rádio
No underground repousa o repúdio
E deve despertar

A alusão a uma ordem alternativa, extra-estatal, representada por uma Rádio Pirata, era uma crítica direta ao governo militar. Assim como é ainda hoje na CF/88 (art. 223), a concessão de abertura de rádios era um ato do Poder Executivo. A saída para muitos jovens era a veiculação de suas músicas – especialmente as de rock – por meio de rádios não autorizadas. Piratas. Subversivas. Democráticas.

O mesmo RPM, ainda, na música *Revoluções por Minuto* (RPM, 1985), cujo título demonstrava vivamente a necessidade e a urgência por mudanças, fazia menção a alguns rumores que circulavam em Brasília à época. Os militares deixariam o poder? A democracia voltaria?

Ouvimos qualquer coisa de Brasília
Rumores falam em guerrilha
Foto no jornal,
Cadeia nacional

Mas nenhum artista do BRock foi tão claro nesse aspecto quanto Cazuza. Em *Burguesia* (Cazuza, 1989), ele dava um retrato claro da falência do Golpe de 1964 e da necessidade imperiosa de o povo fazer valer suas possibilidades de mudança e de retorno de ventos democráticos.

As pessoas vão ver que estão sendo roubadas
Vai haver uma revolução
Ao contrário da de 64
O Brasil é medroso
Vamos pegar o dinheiro roubado da burguesia
Vamos pra rua
Vamos pra rua
Vamos pra rua
Vamos pra rua
Pra rua, pra rua

Note-se que o manifesto de Cazuza, em música que correu as paradas de sucesso do Brasil, deu-se em um período em que a democracia, oficialmente, já voltara ao Brasil e a nova Constituição já estava em vigor. Mas ele falava de uma realidade e não de uma ficção jurídica. Era uma observação de segunda ordem do subsistema político e do subsistema jurídico feita por um integrante do BRock que continha, ao final, uma proposta: a superação de um Estado de direito para um Estado em que a democracia superasse a importância do Direito, constituindo-se aquela em vetor deste.

3.3.3. Pelo fim do Estado de Direito

A Constituição de 1967 possuía várias características que procuravam legitimá-la perante a sociedade. Uma delas era sua aparência de legalidade e de legitimidade baseada no suposto perigo comunista (Bonavides & Andrade, 1991, p. 429-430). Em termos de teoria constitucional, estava-se à frente de uma falsa Constituição (Dantas, 2001). E como toda falsa joia ela brilhava mas não luzia. A insatisfação com o império da lei (Dworkin, 2004), ou, em outra linha, de um Estado de Direito refletido no texto da CF/67, não era suficiente. A expectativa normativa não se baseava mais unicamente na estabilização sistêmica via reforço da necessidade de cumprimento da norma. Era preciso algo mais. Um Estado Democrático de Direito. Os Titãs, na *música Estado Violência* (Titãs, 1986), conseguiram veicular a ambiência dos demais subsistemas sociais da época:

Estado violência
Estado hipocrisia
A lei que não é minha
A lei que eu não queria

A Lei existia mas não era produzida de modo democrático. A Constituição era fática mas não era proveniente do povo. Nesse sentido, ela não era fruto de uma vontade da sociedade e sim de um grupo dominante – por força – que pretendia ditar o futuro do Brasil. A ideia de permanência no poder era recorrente. Novamente os Titãs, agora na música *Desordem* (1987), refletiam sobre o tema:

São sempre os mesmos governantes,
Os mesmos que lucraram antes,
Põem a esperança lado a lado
As filas de desempregados
Que tudo tem que virar óleo
Pra por na máquina do estado.

Um dos modos de estabilização das expectativas normativas de uma sociedade é a positividade, fenômeno pelo qual o sistema jurídico absorve as influências externas e as trata a partir de seu código específico e de sua programação (Luhmann, 1997). Um dos problemas da norma da época da ditadura é que elas não satisfaziam as expectativas normativas justamente porque eram uma sobreposição do poder político ao sistema jurídico e aos demais subsistemas sociais. Esse fenômeno foi descrito por Marcelo Neves como uma alopoiese do Direito (Neves, 2007, p. 140). Ela era uma das causadoras de uma constitucionalização simbólica, isto é, da falta de sincronia entre o texto constitucional de 1967 e a sociedade brasileira (democrática). A Plebe Rude (1987) descrevia essa dicotomia na música *Códigos*:

> Eu decido o seu futuro
> eu e os meus fuzis
> minhas normas determinam
> seus direitos civis
>
> Estou rindo de você
> Estou rindo de você
> o seu direito me obedecer
>
> Artigo 93
> Regra geral emando de autoridade competente
> Artigo 96
> Normas se distinguem em regras congentes ou de ordem pública
> Artigo 156
> Sua classificação tendo em vista a sua força obrigatória

O BRock denunciava aquilo que Podgórecki (1974, p. 268) chamava de estruturas escondidas do Direito. Leonel Severo Rocha (1998), já em sua fase sistêmica, descrevia essa realidade com a explicação de que toda a produção legislativa possui, ínsita, uma fala de algum soberano. Luhmann trabalhava bastante com a ideia do ponto cego que, baseado em distinções, necessita ser desparadoxizado (*Recht/UnRecht*), como no caso do décimo segundo camelo (2004). Warat (1995), por seu turno, propunha que todo o consenso é autoritário e que existe uma impossibilidade linguística de o Direito ser imparcial. Ele sempre contém uma ideologia, assim como Cazuza cantou na música *Brasil* (Cazuza, 1988):

> Brasil
> Mostra tua cara
> Quero ver quem paga
> Pra gente ficar assim

Brasil
Qual é o teu negócio?
O nome do teu sócio?
Confia em mim

Como se percebe, a comunicação musical do BRock denunciava uma crise bastante grande em relação à legitimidade do governo militar. Uma das razões para tanto era o modo pelo qual esse regime se impunha, muito das vezes sob formatos autoritários com seus dissidentes.

3.3.4. A repressão

O tema das prisões legalmente realizadas pela ditadura que se escorava na CF/1967 era quase uma invisibilidade. Apoiado pela edição do AI-5, nome de uma banda punk do BRock que atendia pelo apelido de Condutores de Cadáveres (Dapieve, 2000, p. 27), o regime militar praticou o mais duro golpe contra a democracia brasileira. Tudo isso em nome da necessidade de preservar o país do perigo comunista que assolava o seu território e o das nações vizinhas (Campos, 2012). Algumas de suas normas traduziam, perfeitamente, o que se entendeu por ditadura no Brasil. A saber:

a) O artigo 2º dava o poder ao Presidente da República de decretar o recesso do Congresso Nacional, das Assembleias Legislativas e das Câmaras de Vereadores. Elas só voltariam a funcionar quando o Presidente as convocasse e durante o seu recesso quem cumpriria as funções do Legislativo era o Executivo.

b) O Poder Judiciário se subordinava ao Executivo. Os atos praticados sob o manto do AI-5 eram excluídos de qualquer apreciação judicial (artigo 11).

c) O Presidente da República poderia decretar a intervenção nos estados e municípios sem as limitações constitucionalmente previstas (art. 3º).

d) O art. 4º dava ao Presidente da República, ouvido o Conselho de Segurança Nacional, e sem as limitações constitucionais, o poder de suspender os direitos políticos de quaisquer cidadãos por 10 anos e cassar mandatos eletivos federais, estaduais e municipais.

e) A suspensão dos direitos políticos (art. 5º) significava, entre outros: a cassação de privilégio do foro por prerrogativa de função, a suspensão do direito de votar e de ser votado nas eleições sindicais, a proibição de atividades ou manifestação sobre assunto de natureza política.

f) Além disso, segundo o mesmo artigo, o Ministério da Justiça, sem a apreciação do Poder Judiciário, poderia aplicar as seguintes medidas: liberdade vigiada, proibição de frequentar certos lugares e o assim denominado domicílio determinado.

g) Ademais, "outras restrições ou proibições ao exercício de quaisquer outros direitos públicos ou privados *poderiam ser estabelecidas à discrição do Executivo*".

Com todo esse arcabouço normativo, não era de espantar o tamanho do número das prisões da época e a quantidade ainda incerta de desaparecidos. Ambos, prisões e desaparecimentos eram temáticas proibidas de serem abordadas durante a ditadura. O RPM, entretanto, na música *Juvenília* (1985), deixou registrado o que segue:

> Sinto um imenso vazio e o Brasil
> Que herda o costume servil
> Não serviu para mim
> Juventude
> Aventura e medo
> Desde cedo
> Encerrado em grades de aço

A maneira metafórica como o rock tratou do problema fez com que a censura não pudesse proibir a veiculação da questão, da mesma maneira com que a Legião Urbana (1985) conseguiu abordar a questão dos desaparecimentos, em sua música *Petróleo*, nos seguintes termos:

> Filósofos suicidas
> Agricultores famintos
> Desaparecendo
> Embaixo dos arquivos

O fato é que as prisões eram feitas ao alvedrio das normas constitucionais. Seus motivos eram os mais variados. A fundamentação era escassa – quando existia. A repressão se dava àqueles considerados subversivos contra o regime em vigência, justamente a maior característica do rock, seu código. Ia, também, contra a democracia, sua programação.

A polícia (militar), enquanto órgão que fazia parte da repressão, isto é, a estrutura encarregada pelo sistema político de fazer valer suas determinações (estabilização do sistema jurídico pela observância de seus preceitos) tornou-se, assim, alvo de várias canções do BRock. A determinação de manter tudo no seu lugar foi objeto da música *Selvagem* (Sucesso, 1986) dos Paralamas do Sucesso:

> A polícia apresenta suas armas
> Escudos transparentes, cacetetes
> Capacetes reluzentes
> E a determinação de manter tudo
> Em seu lugar

O Capital Inicial, na música *Veraneio Vascaína* (Inicial, 1986), apresentava, de forma nua e crua, porém metafórica – a alusão das viaturas policiais como veraneios vascaínas[6] – , o papel que a polícia militar assumia para si à época, isto é, o de estrutura voltada para o cumprimento das determinações do sistema político:

> Cuidado, pessoal, lá vem vindo a veraneio
> Toda pintada de preto, branco, cinza e vermelho
> Com números do lado, dentro dois ou três tarados
> Assassinos armados, uniformizados

O discurso a respeito, o da necessidade da repressão e da atuação legítima da PM, baseava-se na indispensabilidade da proteção da sociedade brasileira em relação à possibilidade da instauração, por elementos subversivos, de um regime socialista/comunista no Brasil. Essa cantilena era uma espécie de *Música Urbana* (Urbana, 1985): "os PMs armados e as tropas de choque vomitam música urbana". Nos meados dos anos 80 do século passado, essa proteção era bastante duvidosa, e, mais, sem qualquer objetivo, conforme demonstra a música *Proteção* (1985) da Plebe Rude:

> A PM na rua, nosso medo de viver
> um consolo é que eles vão me proteger
> a unica pergunta é: me proteger do quê?

A violência por parte do Estado restou arraigada até os dias de hoje. A polícia militarizada ainda é presente na sociedade brasileira contemporânea. Deixou isso de modo bastante claro no Junho de 2013. A tortura, inclusive, ainda é praticada por essa mesma polícia.

---

[6] Veraneio era o modelo de carro utilizado pela Política Militar à época. Eles eram pintados com as cores branco, preto, cinza e vermelho, as mesmas do Clube de Regatas Vasco da Gama. Daí a expressão "Veraneio Vascaína".

E, surpreendentemente, é até admirada pelo público brasileiro em filmes *blockbuster* tais como Tropa de Elite (Soares, 2011). O assunto não passou em vão pela comunicação musical do BRock.

3.3.5. A tortura

O uso da tortura para manter o regime militar foi uma prática utilizada no Brasil durante o período que compreende o ano de 1964 e vai até o ano de 1985 (Arns, 1996). A repressão fazia com que o assunto não fosse abordado de um modo direto pela imprensa e/ou denunciado rotineiramente. O preço era altíssimo para quem o fizesse. Algumas bandas, todavia, ousaram descrever a existência da tortura no país. Assim o fazia a banda Legião Urbana (1985), na música *O Reggae*:

> Vem falar de liberdade pra depois me prender
> Pedem identidade pra depois me bater
> Tiram todas minhas armas
> Como posso me defender?
> Vocês venceram está batalha
> Quanto à guerra,
> Vamos ver.

No mesmo ano, Cazuza (1985) abordava a questão dos agentes infiltrados da repressão. Os denominados arapongas eram os responsáveis pela vasta rede de informações que denunciava subversivos ao regime aos organismos de repressão. Via de regra, o denunciado era submetido à tortura para confirmar a informação enviada pelo araponga. Em seu *Rock da Descerebração,* ele dizia:

> Cagüetem-se, solidários
> Antes do interrogatório
> Engrandeçam a mentira
> Dêem sentido à vida

Já no ano de 1988, com os ventos democráticos soprando no Brasil e já à espera da promulgação da Constituição Federal, o Ira (1988) tratou do tema na música *Rubro Zorro*:

> Luz Vermelha foi perdido no cais
> Do terror
> Um inocente na cela de gás
> Sem depor

A tortura maculou o pretenso Estado de Direito da ditadura. A invisibilidade dos atos e dos motivos da legalidade militar era, pois, denunciada pelo BRock. Com isso, alguns temas, outrora reprimidos puderam começar a ser discutidos. Um novo Estado (Democrático) de Direito era necessário. E para sê-lo dessa maneira, suas estruturas deveriam ser modificadas. Uma nova Constituição era necessária.

3.3.6. Uma nova Constituição

Diante da ilegítima ordem constitucional (im)posta à sociedade brasileira no período da ditadura militar, o reclame por uma nova Constituição, afeita à nova realidade democrática que se propunha era uma comunicação que perpassava o sistema social brasileiro como um todo. Era a comunicação que provocava ruído em todos os subsistemas sociais, em especial o político. Na música *Psicopata* (1986), o Capital Inicial demonstrava a insatisfação com os representantes do povo dizendo: "quero soltar bombas no Congresso".

A insatisfação com a Constituição vigente à época era latente. Ela não refletia, de modo algum, as expectativas normativas dos brasileiros. De mais a mais, ela jamais se legitimou mediante um procedimento (Luhmann, 1980) que provocasse alguma espécie de aceitabilidade psíquica por parte dos cidadãos do Brasil. Não por acaso, na música *Que País É Este?*, a Legião Urbana (1987) cantou:

> Sujeira pra todo lado
> Ninguém respeita a constituição
> Mas todos acreditam no futuro da nação

A repercussão da música foi tamanha que ela se tornou, na época, a segunda mais executada por rádios brasileiras (HotBrasil 100, 2013). A banda de Renato Russo cristalizava, no ano de 1987, aquilo que a sociedade brasileira desejava: uma nova Constituição (Bonavides & Andrade, 1991, p. 449-453). Como acreditar no futuro da nação se o regime que a orientava não respeitava a Constituição vigente? É por isso que o Ultraje a Rigor (1987) escreveu a experiência dos brasileiros com relação à CF/67 da seguinte maneira:

> Nunca soube o que era constituição
> Cresci sem mãe, sem pai e sem patrão
> Comecei desde cedo a roubar o meu pão
> E o café e o licor pra ajudar a digestão

A comunicação do código constitucional/inconstitucional era inexistente e sobreposta por códigos de outros sistemas, provocando a denominada alopoiese de Marcelo Neves (2007, p. 140) e uma constitucionalização de baixa intensidade no Brasil. Era preciso construir um novo futuro, e o caminho era a Constituição. Como lembrou o BRock, isso deveria contestar alguns pressupostos, como, por exemplo, a existência da censura prévia (AI-5) em relação à imprensa, à música, ao teatro e ao cinema.

3.3.7. A liberdade de expressão

A censura era o tipo de repressão que mais afetava, obviamente, os artistas durante a época do regime militar. Era prévia. Seguia padrões estabelecidos pelo Poder Executivo. Nos estertores da ditadura ela ainda permanecia. O disco de lançamento da banda Blitz, um dos grandes estouros em termos de vendagens do BRock, teve suas duas últimas faixas riscadas. A comercialização foi feita dessa maneira. E as duas músicas possuíam letras quase ingênuas, seguindo a linha do disco (*Você não Soube me Amar*). A ligação entre a censura e a ditadura foi retratada pela Plebe Rude na música *Censura* (Rude, 1987):

> Contra a nossa arte está a censura
> abaixo a cultura, viva a ditadura
> Jardel com travesti, censor com bisturi
> corta toda música que você não vai ouvir

A sensação de apatia que assolava o Brasil decorria, portanto, do fato de que toda a arte considerada subversiva e democrática (rock) era considerada contrária aos interesses da nação. A juventude não possuía válvulas de escape. O que ela dizia não era compreendido. A questão da falta de adaptação (dissonância entre expectativas sociais e expectativas normativas) foi abordada pelos Titãs na música *Não Vou me Adaptar* (Titãs, 1985):

> Será que eu falei o que ninguém ouvia?
> Será que eu escutei o que ninguém dizia?
> Eu não vou me adaptar.

Ainda no plano da sensação de impotência frente ao poderio da ditadura, a banda Ultraje a Rigor (Rigor, 1985), em *Inútil*, descreveu os efeitos de manutenção do *status quo* perante a sociedade brasileira. Formava-se um ciclo recursivo sem possibilidade de um futuro. O passado era objetivo:

> A gente faz música e não consegue gravar
> A gente escreve livro e não consegue publicar
> A gente escreve peça e não consegue encenar...
> Inútil...
> A gente somos inútil...

A questão central, no final da ditadura, da permanência da censura prévia prevista no AI-5 repousava muito mais em fazer a ditadura ser respeitada/obedecida do que realmente uma espécie de controle face ao perigo comunista/socialista, pois já se vivia muito perto da queda dos regimes comunistas no mundo inteiro. Os Paralamas do Sucesso (1986) descreveram esse fato na música *Selvagem*:

> O governo apresenta suas armas
> Discurso reticente, novidade inconsistente
> E a liberdade cai por terra
> Aos pés de um filme de Godard

Com a linguagem mais áspera e contundente de suas origens *punk*, a Plebe Rude (1985), na música *Proteção*, faz a relação entre a censura e a necessidade de se preservar a imagem do Estado. Trata-se do desvio aludido entre os motivos do Golpe de 1964 e a permanência no poder somente por causa do poder:

> Oposição reprimida, radicais calados
> toda a angustia do povo é silenciada
> Tudo pra manter a boa imagem do Estado!

Tanto isto é verdade que os temas em relação à censura não eram mais ideológicos e sim comportamentais. As falas e as imagens com relação ao sexo eram controladas. O Ultraje a Rigor (1987), em música que se intitulava *Pelado*, colocou o problema do seguinte modo:

> Proibido pela censura, o decoro e a moral
> Liberado e praticado pelo gosto geral
> Pelado todo mundo gosta, todo mundo quer
> Pelado todo mundo fica, todo mundo é

Também o Ultraje a Rigor (1987), dessa feita na música *Sexo*, comentava sobre os cortes que a censura fazia em filmes que pretensamente abusavam de apelo e/ou de imagem sexual:

> Hoje vai passar um filme na TV que eu já vi no cinema
> Êpa!? Mutilaram o filme, cortaram uma cena
> E só porque aparecia uma coisa que todo mundo conhece
> E se não conhece ainda vai conhecer

Esse era apenas um exemplo, pois a censura se imiscuía em quase todos os aspectos das liberdades pessoais. Também se apoderava de questões coletivas. O objetivo, conforme já dito, na época em que se desenrola a presente pesquisa em relação ao regime ditatorial (1979-1985) não estava mais baseado em frear a ameaça comunista.

Naquele momento, tratava-se unicamente de políticos querendo manter sua posição política, o que, para Luhmann (Nafarrate, 2004), era algo absolutamente previsível, pois os políticos jamais resolvem os problemas que eles próprios criam. Acaso resolvessem perderiam sua função no sistema político.

Desse ponto em diante, tratava-se de assegurar a liberdade de expressão e de garantir o exercício de direitos individuais e coletivos. Ao contrário do que afirmava Bobbio (2004), era preciso, sim, naquele momento, positivar direitos e garantias fundamentais (individuais e coletivas). O momento era de olhar o futuro, e boa parte dele seria feito mediante a positividade de direitos fundamentais ignorados – ou restritos – outrora.

3.3.8. Direitos fundamentais individuais e coletivos

A *desigualdade social* era um dos pontos denunciados pelo BRock, em especial na cidade do Rio de Janeiro, com seus contrastes geográficos e a lei da Pasárgada em contraposição à lei dos morros (Santos, 1988). O Ultraje a Rigor, uma banda paulista, na música *Nós Vamos Invadir sua Praia* (Rigor, 1985), novamente em termos metafóricos (Lopes, 2006), narra as diferenças sociais a partir de uma pretensa invasão dos paulistas às praias cariocas:

> Agora se você vai se incomodar
> Então é melhor se mudar
> Não adianta nem nos desprezar
> Se a gente acostumar a gente vai ficar
> A gente tá querendo variar
> E a sua praia vem bem a calhar
> Não precisa ficar nervoso
> Pode ser que você ache gostoso
> Ficar em companhia tão saudável
> Pode até lhe ser bastante recomendável

A *miséria* se apresentava como uma das chagas sociais brasileiras. A morte não causava mais nenhuma espécie de reação. Parte do cotidiano, fome, miséria, diferenças sociais e outras questões relativas à desigualdade social, caminhavam – e caminham – lado a lado de um país que, sob o regime militar, desejava se apresentar como uma potência no cenário internacional. Em *Miséria* (Titãs, 1989), os Titãs deixaram registrado que:

> A morte não causa mais espanto
> O Sol não causa mais espanto
> A morte não causa mais espanto
> O Sol não causa mais espanto
> Miséria é miséria em qualquer canto
> Riquezas são diferentes
> Cores, raças, castas, crenças

Miséria e fome andam juntas. A *fome* era um problema social relevante quando o BRock explodiu no Brasil. Na música *Ficção Científica* (1988), o Capital Inicial tratava da questão dessa maneira:

> Muita fome
> Nas estrelas;
> Muita fome
> Nas estrelas;
> Muita fome
> Nas estrelas;
> E aqui também

E como se fosse um mistério insondável para os políticos, a fome levava aos problemas sociais brasileiros, como, por exemplo, a *violência*. Em *Marvin*, os Titãs estabeleciam essa correlação exclamando: "Deus, era em nome da fome que eu roubava".

O ambiente urbano era – e é – palco de uma exposição feroz entre as classes sociais brasileiras. Tal como outrora, hoje, ninguém se surpreende ao encontrar mendigos pelas ruas, crianças pedindo esmolas, entre outros fatores que demonstram a problemática da desigualdade social. O retrato pintado pelos Paralamas do Sucesso na música *Selvagem* (1986) é atualíssimo:

> A cidade apresenta suas armas
> Meninos nos sinais, mendigos pelos cantos
> E o espanto está nos olhos de quem vê
> O grande monstro a se criar

Tanto quanto no período do BRock quanto no Junho de 2013, a *violência* e(é)ra uma das pautas mais debatidas pela sociedade brasileira. A cultura do medo (Costa, 2011)é enraizada e serve de ambiente para vários subsistemas sociais do Brasil como uma perturbação que necessita de uma resposta a partir da lógica de cada um deles. Via de regra, por exemplo, o sistema político reage a tais fatos com aquilo que é sua função: elaboração de leis. Na música *O Beco* (Sucesso, 1988), os Paralamas do Sucesso colocaram o problema da seguinte forma:

> No beco escuro explode a violência
> Eu tava acordado
> Ruinas de igrejas, seitas sem nome
> Paixão, insônia, doença, liberdade vigiada

De uma maneira mais descritiva, característica da escrita da banda, os Titãs, em *Violência* (1987), referia que violência gera violência. Era um modo de pedir que a reação policial à violência não se igualasse ao ato originário que causou a necessidade da ação policial:

> Pra quebrar minha cabeça ou pra que quebrem a sua.
> Violência gera violência.
> Com os amigos que tenho não preciso inimigos.
> Aí fora ninguém fala comigo.
> Será que tudo está podre, será que todos estão vazios?
> Não existe razão, nem existem motivos.
> Não adianta suplicar porque ninguém responde,
> Não adianta implorar, todo mundo se esconde.
> É difícil acreditar que somos nós os culpados,
> É mais fácil culpar deus ou então o diabo.

A desigualdade social era verificada nas diferenças ainda persistentes com relação às raças no Brasil de 1988 e no Brasil de 2013. A Plebe Rude postulava mudanças nesse comportamento, aludindo que um país em que não houvesse discriminação racial seria um *Outro Lugar* (Rude, 1988), e não o Brasil:

> Demoraria mais de cem anos
> Para aprender a boa lição
> Que toda raça de mãos dadas
> Derruba discriminação
> Mas existe um outro lugar

O *racismo*, presente na sociedade brasileira desde seus primórdios (Schwarcz, 2001), foi objeto da contestação, também, do Capital Inicial. Em *Cavalheiros* (1986), a banda fazia uma analogia entre a situação brasileira e o *apartheid* vigente na África do Sul durante o período de abrangência do BRock (1980-1989) observado pelo presente livro:

> Pior do que preconceito e leis
> É alegar a igualdade
> Por que nada se fez
> É um engano acreditar
> Que a abolição acabaria com a segregação
> Se você se impressiona com Soweto
> Experimente conhecer também os guetos daqui

Mas e o Brasil não era, então, um país rico? A riqueza produzida era direcionada para quais prioridades? Como tais disparidades se faziam – e ainda se fazem – presentes no ambiente dos subsistemas sociais em um país periférico como o Brasil? A Plebe Rude postulava, em um de seus maiores hits, uma melhor *distribuição da riqueza* produzida pela nação como uma das formas de superação das mazelas sociais do país. Dizia a banda, na *música Até Quando Esperar* (Rude, 1985):

> Não é nossa culpa nascemos já com uma benção
> mas isso não desculpa pela má distribuição
> Com tanta riqueza por aí, onde é que está
> cadê sua fração?
> Até quando esperar a plebe ajoelhar
> esperando a ajuda de Deus
> Até quando esperar a plebe ajoelhar esperando a ajuda de um divino Deus

O tema da *corrupção*, uma das razões pelas quais o regime militar não se diferenciava daqueles que se apresentaram anteriormente e posteriormente no Brasil, também era denunciado pelo BRock, inclusive como uma das hipóteses para a ausência de uma melhor distribuição de riquezas no país. Veja-se o texto da música *Fátima* (1986), de Capital Inicial:

> E vocês armam seus esquemas ilusórios
> Continuam só fingindo que o mundo ninguém fez
> Mas acontece que tudo tem começo
> E se começa um dia acaba, eu tenho pena de vocês

A corrupção grassava porque, segundo o Ira, havia um arcabouço de leis que favoreciam a existência dela. Era o que a banda defendia, com vigor, na música *Advogado do Diabo* (1988):

> Por isso poupe a pompa e olhe para si!
> Não há quem não corrompa com tanta lei assim
> a sua mesa é fina mais a minha mesa é forte
> Brincando com o destino
> Tratamento e choque!

A existência de certos privilégios para funcionários públicos e do mau funcionamento da Administração Pública também foi objeto de abordagem do BRock. A necessidade de uma *administração pública eficiente* é o tema da música *Autoridades* (1987), de Capital Inicial:

> Vou denunciar autoridades incompetentes
> Eu vou denunciar autoridades incompetentes
> Ameaça aos privilégios

> Você será detido encostado na parede
> É a ordem no progresso
> Um jogo imoral
> Que não mede consequências

A melhor distribuição da riqueza passava, também, de acordo com algumas bandas do BRock por uma *cessação da exploração indevida da mão de obra trabalhista* no Brasil. É nesse sentido que a Legião Urbana, na música *Fábrica* (1986), pedia melhores condições de trabalho:

> Quero justiça
> Quero trabalhar em paz
> Não é muito o que lhe peço
> Eu quero um trabalho honesto
> Em vez de escravidão

Uma curiosidade. Essa mesma música da Legião Urbana foi citada na questão de número 16 do ENADE (2012) da área do Direito. A questão tratava de uma reflexão sobre as condições de trabalho no Brasil atual. A antecipação de futuro é notável e a importância do BRock se faz presente anos depois em um exame de tamanha importância para o SINAES, o sistema nacional de avaliação do ensino superior. Nessa esteira, a Plebe Rude, na música *48* (1987), expunha a *quantidade desumana de horas de trabalho* a que se submetiam as camadas sociais menos favorecidas do Brasil. Seu texto é:

> Meu patrão é um sacana
> me faz trabalhar até fim de semana
> 48 horas não chega, chega, chega, chega

Durante a vigência da CF/67, os brasileiros não possuíam *direito à saúde* (Schwartz, 2001). As filas de atendimento para que o Estado prestasse alguma espécie de prestação sanitária eram enormes. A Legião Urbana abordou a realidade na música *Metrópole* (1986):

> Quem não tem senha, não tem lugar marcado.
> Eu sinto muito, mas já passa do horário.
> Entendo seu problema mas não posso resolver:
> É contra o regulamento, está bem aqui, pode ver.

Os Titãs, por seu turno, demonstraram a necessidade de reformas em saúde no Brasil de uma maneira metafórica (Lopes, 2006). Na música *O Pulso* (Titãs, 1989), é listada uma série de doenças e, ao final, afirma-se que mesmo com a existência delas, o pulso ainda pulsa. Um trecho dela é o seguinte:

O pulso ainda pulsa
O pulso ainda pulsa
Peste bubônica, câncer, pneumonia
Raiva, rubéola, tuberculose, anemia
Rancor, cisticircose, caxumba, difteria
Encefalite, faringite, gripe, leucemia
O pulso ainda pulsa (pulsa)
O pulso ainda pulsa (pulsa)

A questão da *proteção dos índios*, mesmo que de uma maneira metafórica, também foi objeto de abordagem de uma música bastante famosa da Legião Urbana que se intitulava *Índios* (1986). Nela, Renato Russo defendia que os povos indígenas brasileiros teriam sido vítimas dos colonizadores brancos em função de sua inocência:

Quem me dera, ao menos uma vez,
Ter de volta todo o ouro que entreguei
A quem conseguiu me convencer
Que era prova de amizade
Se alguém levasse embora até o que eu não tinha.

Alguns valores são intrínsecos ao Rock, e o BRock deles não iria diferir, justamente porque, conforme já se defendeu no item 2.3. para que o rock se diferencie, ele necessita permanecer rock. Mesmo que o Brasil não estivesse em guerra declarada, o Ira pedia por *paz* na música *Ninguém Precisa de Guerra* (1985):

Como se fosse fácil de entender
Que preciso de paz
Não preciso da guerra
O jovem pode levantar cedo com um sorriso de manhã

De outro lado, lembre-se que durante a vigência da CF/67 havia uma única religião oficial no Brasil: a Católica Apostólica Romana. Era preciso uma liberação para a prática de outra religiões e/ou de liberdade de consciência para aqueles que não acreditavam em religião alguma. Os Titãs, na música *Igreja* (1986), clamavam por um *Estado Laico e multicultural*, um choque para a sociedade brasileira da época:

Eu não gosto do papa
Eu não creio na graça
Do milagre de Deus
Eu não gosto da igreja
Eu não entro na igreja
Eu não tenho religião

O exercício da democracia pressupunha, além das eleições diretas, possibilidades outras de participação popular. Referendo e *plebiscito*, por exemplo, eram bandeiras de ordem da Plebe Rude. Na música *Plebiscito* (Rude, 1988), eles defendiam essa técnica de consulta popular da seguinte forma:

> O poder do sim ou não
> as letras em negrito
> quem cala consente, isso não
> proponho um plebiscito

Até mesmo o *alistamento militar obrigatório* não escapou à crítica do BRock. De fato, ele servia como uma espécie de retroalimentação do regime repressivo da época. Permanece, todavia, até hoje na CF/88 como uma espécie de lembrança do período anterior. Na letra da canção *Núcleo Base* (1985), o Ira falava a respeito da seguinte maneira:

> Eu tentei fugir não queria me alistar
> Eu quero lutar mas não com essa farda
> Eu tentei fugir não queria me alistar
> Eu quero lutar mas não com essa farda

Registre-se, sob outro ângulo, que o BRock conseguiu se conectar aos movimentos sociais que ocorriam em todo o mundo nos anos 80 em relação à necessidade da *preservação do meio ambiente*. A Amazônia – e o Brasil –, gigante pela própria natureza precisa(m) de uma maior atenção por parte da sociedade brasileira. Na música *Repente* (1988), a Plebe Rude cantou:

> Na Amazônia, Roraima, Acre, Rondônia
> índio faz canoa com poucos paus
> então alguma coisa errada, floresta devastada
> mas francamente que zona perto de Manaus

As queimadas, a destruição da floresta, o desmatamento, entre outros, eram – e são ainda – fatores de grande preocupação da comunidade internacional com relação ao Brasil. O tema, ainda hoje candente, foi abordado pela Plebe Rude na música *A Serra* (1988):

> Todos reclamando
> só quero conscientizar
> madeira acabando
> até quando esperar?
> O verde da mata
> a serra desmatou
> o verde da bandeira
> também desbotou

A consciência de que para se construir um país desenvolvido – e mais justo socialmente – passava pela preservação não somente de seu meio ambiente, mas também de sua *cultura*, foi cantada pelos Titãs na música *Comida* (1987). Não bastava somente o pão. O circo também era necessário:

>A gente não quer só comida
>A gente quer comida
>Diversão e arte
>A gente não quer só comida
>A gente quer saída
>Para qualquer parte...

Como se verifica, a partir do recorte apresentado, o leque de expectativas normativas espelhadas pelo BRock – uma das causas de seu sucesso e de sua influência no cenário artístico brasileiro – abrangia um cabedal amplo de comunicações que, em maior ou em menor grau, acabou por se apresentar como texto constitucional em 1988. O futuro não era mais inalcançável. De algum modo, ele poderia ser previsto e previsível.

4. O céu é só uma promessa
(Hawaii, 1995)

Na música "Promessa", a banda do BRock Engenheiros do Hawaii canta que o céu é só uma promessa e reafirma: "eu tenho pressa, vamos nessa direção". O *hit* foi lançado em 1995, e, portanto, não está abarcado pelo espaço temporal analisado na presente obra (1980-1989). Ela, a música, também não tem como pano de fundo a procura pela democracia via Constituição. No entanto, simboliza aquilo que uma geração tanto buscou: positivadas as expectativas normativas era a hora – e com pressa – de instalar as promessas democráticas contidas no texto constitucional.

4.1. Cidadania e democracia. A Constituição Federal de 1988

A Constituição Federal de 1988 representou uma mudança paradigmática em relação à de 1967. A democracia foi seu norte, o pano de fundo dos trabalhos da Assembleia Constituinte (Bonavides & Andrade, 1991, p. 483-485). Não se pretende discutir, aqui, o conceito de democracia, muito embora, no item 4.1.1., descreva-se como ela é compreendida em termos de TSAD, fazendo-se unicamente com o propósito de entendê-la em termos comunicacionais nas sociedades contemporâneas.

Também não se objetiva fazer um resgate histórico dos passos que levaram à reinstauração da democracia no Brasil. Trata-se, correndo-se o risco da tautologia, apenas, de demonstrar que o (B)rock, por sua condição subversiva, está intimamente ligado à democracia.

Dessa forma, se a volta da democracia ao Brasil pós-ditadura militar era pensada por meio da elaboração de uma nova Constituição, o BRock (item 3.3) teve o condão de processar as expectativas normativas existentes no ambiente. E, com isso, torná-las comunicação musical que, por seu turno, tornou-se ambiente tanto do subsistema do Direito quanto do subsistema da Política (item 4.2).

Não é por acaso que a CF/88 ficou conhecida como a Constituição Cidadã, focada que está na participação do titular na cidadania na vida em sociedade. Nesse sentido, apenas para exemplificar, Ana Maria D'Ávila Lopes (2006, p. 25-27) cita algumas dessas possibilidades:

1) Direito de petição aos poderes públicos (art. 5º, XXXIV, "a");
2) Mandado de injunção (art. 5º, LXXI);
3) Ação Popular (art. 5º, LXXIII);
4) Participação dos trabalhadores e empregadores nos colegiados de órgãos públicos em que seus interesses profissionais ou previdenciários sejam objetos de discussão e deliberação (art. 10);
5) Sufrágio por meio de voto direto, secreto, periódico e de igual valor para todos (art. 10);
6) Plebiscito (art. 14, I);
7) Referendo (art. 14,II);
8) Iniciativa Legislativa Popular (art. 14, III);
9) Cooperação de associações representativas no planejamento municipal (art. 29, XII);
10) Fiscalização dos contribuintes das contas de seu município (art. 31, § 3º);
11) Participação do usuário na administração pública (art. 37, § 3º);
12) Denúncia perante o Tribunal de Contas de qualquer irregularidade ou ilegalidade sobre o uso, arrecadação, guarda, gerenciamento ou administração do patrimônio público federal (art. 74, § 2º);
13) Participação de seis cidadãos no Conselho da República (art. 89, VII);
14) Participação de dois cidadãos no Conselho Nacional de Justiça (art. 103-B, XIII);
15) Participação de dois cidadãos no Conselho Nacional do Ministério Público (art. 130-A, VI);
16) Responsabilidade da sociedade pela preservação da ordem pública e da incolumidade das pessoas e do patrimônio (*caput* do art. 144);

17) Fiscalização pela sociedade de empresas públicas, das sociedades de economia mista e de suas subsidiárias (art. 173, § 1º, I);
18) Participação dos trabalhadores, empregadores e aposentados nos órgãos colegiados de administração da seguridade social (art. 194, VII do parágrafo único);
19) Financiamento da seguridade social por toda a sociedade (art. 195);
20) Participação da comunidade na organização do Sistema Único de Saúde (art. 198, III);
21) Participação da população, por meio de organizações representativas, na formulação de políticas e no controle de ações de assistência social em todos os níveis (art. 204, II);
22) Colaboração da sociedade na promoção e incentivo à educação (*caput* do art. 205);
23) Gestão democrática do ensino público (art. 206, VI);
24) Colaboração da comunidade na promoção e proteção do patrimônio cultural brasileiro (Art. 216, § 1º);
25) Dever da coletividade de defender e proteger o meio ambiente ecologicamente equilibrado para as presentes e futuras gerações (art. 225);
26) Dever de a sociedade assegurar à criança e ao adolescente os direitos previstos no art. 227;
27) Participação de entidades não governamentais na promoção de programas de assistência integral de saúde da criança e do adolescente (art. 227, § 1º);
28) Dever de a sociedade amparar as pessoas idosas, assegurando sua participação na comunidade, defendendo sua dignidade e bem-estar e garantindo-lhes o direito à vida (art. 230);
29) Participação de representantes da sociedade civil no Conselho Consultivo e de Acompanhamento do Fundo de Combate e Erradicação da Pobreza (art. 79 do ADCT);
30) Participação da sociedade civil nas entidades de gerenciamento dos Fundos de Combate à Pobreza instituídos nos Estados, Distrito Federal e Municípios (*caput* do art. 82 do ADCT).

Com todas essas alternativas cidadãs, a Constituição de 1988 era o céu, era a promessa. Seus eixos centrais foram a democracia e a cidadania, privilegiando os direitos fundamentais (Mello, 2004).

Ela foi o espelho de um determinado momento que buscava a transformação do futuro, como procurava o BRock. Nas palavras de Luis Fernando Veríssimo (2009, p. 23): "o fim do regime militar foi uma vitória de uma democracia imperfeita e até agora não consolidada, mas democracia". O futuro, portanto, necessita ser permanentemente (re)construído com base na distinção entre ele e o futuro.

O Junho de 2013 foi o futuro de 1988 e é o passado do presente. As expectativas normativas da CF/88 foram realizadas em 2013? Com base, novamente, na ligação entre Direito e rock, pretende-se responder a essa pergunta, passando-se, primeiro, pelas concepções da TSAD a respeito da Constituição para, depois, analisar-se o que o rock brasileiro da segunda década do terceiro milênio comunica.

4.1.1. A Constituição entre o subsistema do Direito e o subsistema da Política

A Constituição se apresenta como o acoplamento estrutural entre o subsistema jurídico e o subsistema político (Luhmann, 1995, p. 118). Mas o que isso significa? Em um primeiro momento, é necessário estabelecer o que é um acoplamento estrutural para a TSAD, para, depois, demonstrar que a autonomia da Constituição, o poder pensá-la somente a partir do prisma jurídico é algo que surge justamente a partir dessa diferenciação entre a Constituição para o Direito e a Constituição para a Política (Luhmann, 1995, p. 106).

Nesse sentido, o acoplamento estrutural pressupõe que o subsistema do Direito não pode ser compreendido sem a sua clausura operacional. Em outras palavras: a clausura interna ao subsistema jurídico é de sua exclusividade e não se confunde com a de nenhum outro subsistema social.

Dessa maneira, Luhmann (1990) coloca os Tribunais como centro da função do subsistema jurídico: reafirmar o *Recht* pelo *UnRecht*. Isso pressupõe organização e premissas decisórias (Luhmann, 1997, p. 70). Aquelas que colocam o Tribunal máximo de uma nação com a capacidade de definir o que é (in)constitucional reafirmam, pois, em cada decisão (controle de constitucionalidade), a clausura interna do sistema jurídico, ao produzir uma comunicação de cunho constitucional, que, ao final, é projetada ao ambientes dos demais subsistemas sociais. O Direito só existe, de fato, na TSAD, pela decisão (Arnaud & Fariñas Dulce, 2000, p. 318).

Verifica-se, portanto, que um dos pontos mais interessantes da TSAD a respeito da Constituição é o reconhecimento de que em um sistema social global – complexo – a hierarquia limita as possibilidades de uma construção circular que se autorreferencia e se autorreproduz de um modo incessante. Trata-se de uma observação que potencializa a comunicação constitucional, pois é uma diferenciação (Marco, 2005, p. 58)

> capaz de estruturar o próprio sistema na medida em que a legislação não é uma instância hierarquicamente superior à administração da justiça, que dá instruções a serem seguidas pelos tribunais. Luhmann vai mais adiante ao afirmar "não existirem, por conseguinte, 'lacunas no Direito', mas – quando muito – problemas de decisão não regulamentados por leis.

Tal concepção, dessa maneira, entende a legislação (Constituição) como a "membrana" do sistema jurídico e com o papel de seletividade forçada do ambiente externo ao sistema jurídico. Imunização (Luhmann, 1997). A lei é a programação pela qual o Direito, novamente, reafirma-se e consegue dizer aquilo que não é Direito. Como a lei é o programa do código, a seleção ocorre, forçosamente, analisando tudo o que não é Direito, pois o Direito, na TSAD, não se confunde com leis ou com positividade, afastando toda e qualquer crítica a um pretenso neopositivismo luhmanniano (King, 2009).

Somente por essa razão já se poderia (re)afirmar a possibilidade dos estudos entre Direito e Rock e, pelas razões já apontadas, com maior razão, entre o BRock e a CF/88. Contudo, pode-se elencar outra justificativa. A organização interna do sistema jurídico, baseada em sua autorreprodução, sua autorreferência e sua autonomia (Teubner, 1989), ainda necessita de um elemento interno de ligação entre a o centro e a periferia do subsistema do Direito. Esse papel é ocupado pela jurisprudência (Trindade, 2005, p. 153), forma pela qual o Direito comunica aos demais subsistemas sua aprendizagem a respeito das irritações (Rock) que o circunda.

Dessa forma, um dos pressupostos do acoplamento estrutural é paradoxalmente, sua diferenciação funcional. Assim como o subsistema do Direito possui uma estruturação interna própria para decodificar o ambiente, o mesmo ocorre dentro do sistema da Política, dessa feita, sob o código Governo/Oposição (Luhmann, 1997, p. 53-60).

Com isso, as operações jurídicas não podem possuir contato direto com as operações da Política, da Moral, da Religião, entre outros. E, no entanto, todos esses subsistemas coexistem de modo harmonioso no sistema social. O que possibilita essa convivência são mecanismos específicos: os acoplamentos estruturais (Guibentif, 2010, p. 149).

Nessa esteira, pode-se utilizar a explicação de Guibentif (2010, p. 150) para dizer: um subsistema não compreende as operações de outros subsistemas. Eles não conseguem trazer para si o mesmo sentido que outro subsistema lhe confere. O efeito que eles produzem sobre os subsistemas é chamado de uma irritação. Assim, a função dos mecanismos de acoplamento estrutural é o de *canalizar essas irritações*.

Veja-se: conforme largamente argumentado anteriormente nesta obra, a CF/88 canalizou as irritações provenientes do ambiente dos subsistemas sociais do Direito e da Política. Uma parte considerável de seu texto foi antecipado pelo BRock (item 3.3). A Constituição, o acoplamento entre o Direito e a Política, demonstra, assim, claramente (item 4.2) as teses aqui defendidas.

Desse modo, um acoplamento estrutural, segundo Nobles e Schiff (2013, p. 224) é uma relação na qual dois sistemas selecionam um valor positivo na comunicação do outro. Eles são atraídos para proporcionarem futuras comunicações que evoluem a partir dos mesmos valores positivos do código de cada sistema. Esse valor positivo é o resultado de um subsistema produzindo comunicações que o outro sistema não pode realizar por si mesmo.

Em outras palavras: somente o subsistema jurídico pode comunicar ao subsistema da Política aquilo que é constitucional/inconstitucional, ao mesmo tempo em que é comunicação específica do subsistema político a produção legislativa (Ommati, 2013). Existe uma série de vantagens que nascem a partir dessa diferenciação (Giménez Alcóver, 1993, p. 344):

1) Se, no sistema jurídico e também no sistema político, as decisões programadas e as programáveis estão diferenciadas e atribuídas a diversos órgãos do Estado, essa organização permite uma maior racionalidade na divisão de tarefas e, com isso, a separação das responsabilidades pela manutenção ou modificação dos programas, a partir de sua relação com o entorno;

2) Também permite separar a coercibilidade, o uso do monopólio do uso da força física e potencializar aquele em detrimento desta. Permite, ainda, separar as formas utilizadas pelo subsistema jurídico para proteger contemporaneamente a seguridade das expectativas normativas e sua adaptação à realidade social;

3) A especificação funcional do Direito não impede a observação da importância das funções desempenhadas por determinadas instituições e normas jurídicas para a própria manutenção da diferenciação funcional da sociedade.

A partir desses pressupostos, há que entender que a comunicação constitucional não se constrói e não se diferencia de um modo estático. Seu sentido necessita de retemporalização constante, no que o rock – subversivo e antecipador – possui certo espaço de irritação (BRock). Dessa forma, a Constituição enquanto acoplamento estrutural entre o subsistema do Direito e o subsistema da Política leva a alguns apontamentos (Luhmann, 1995, p. 116):

1) Somente a Constituição, por meio de seus princípios e de suas normas, é capaz de possibilitar sua autorreferência.
2) Isso proporciona simetria constitucional com base na assimetria interna do texto fundamental.
3) A Constituição possui as premissas decisórias de regulação e de produção do Direito. Mais, prevê sua revisão (retemporalização), atualizando suas próprias normas e as demais.
4) É a Constituição que possibilita a distinção entre Direito e Política.
5) A Constituição é absolutamente independente da Política no momento da aplicação do Direito, mas é dela dependente no momento de sua elaboração.
6) A diferenciação funcional do Direito Constitucional (Nobles & Schiff, 2013, p. 184-195) necessita de sua autorreferência para sua (re)criação constante.
7) Assim, o fundamento de validade da Constituição implica unicamente a necessidade de dar à Constituição uma unidade sistêmica, que lhe possibilite se (re)criar a partir da distinção sistema/entorno (rock) dentro do sistema social.

Com esses pressupostos estabelecidos, é hora de analisar como a democracia é percebida pela TSAD e como ela se afirma no acoplamento estrutural entre Direito e Política, denominado Constituição. Com isso, provar-se-á que a comunicação subversiva do rock é subversiva justamente porque a democracia é uma (re)invenção constante (Rocha, 1998), retemporalizadora de si mesma e da realidade dos demais subsistemas sociais.

4.2. Democracia, Constituição e rock

O que está por ocorrer – democracia brasileira nos anos 80 ou o pedido das ruas em 2013 (item 5.3) – inspira inquietude (Luhmann, 1999, p. 163). Quanto mais o porvir se torna possível, mais as perturbações no ambiente dos sistemas sociais fazem-se presentes. A democracia se caracteriza por uma abertura excepcional a oportunidades futuras. O BRock demonstrava isso. Narrava essa busca por uma novidade que não era inatingível: a democracia. E o caminho era a elaboração de uma nova Constituição.

Esse foi, portanto, o momento em que o BRock se instaurou no Brasil. A transição da ditadura para a democracia foi cercada por incertezas, por dúvidas e por medos (Araújo, 2013, p. 340-341). Nesse sentido, a estrutura que, imaginava-se, traria estabilidade aos sistemas sociais, era uma nova Constituição. Ela conduziria a níveis aceitáveis as expectativas normativas a respeito de um novo futuro.

A CF/88 foi, assim, um mecanismo redutor de uma alta complexidade na sociedade brasileira dos anos 80. Selecionou expectativas e lhes deu positividade, constituindo-se no acoplamento estrutural por excelência entre o sistema político e o sistema jurídico. Ela foi fruto de uma conexão temporal que tão logo se concretizou se esvaiu. Restou, pois, um texto que procurava a construção de um país ligado à democracia, na exata linha do que o BRock também defendia (item 3.3).

Mas a democracia é um elemento importante na TSAD? Como ela é compreendida no contexto das diferenciações funcionais dos sistemas sociais? Nesse sentido, de modo inverso, para Luhmann (1999, p. 164-165), democracia não pode ser:

a) a soberania do povo sobre o povo, visto que a democracia não representa um curto-circuito autorreferencial. Ela não significa a exclusão de toda soberania e nem do Poder (Luhmann, 1985, p. 75-85). A democracia necessita de abertura cognitiva para sua sobrevivência. Ela precisa de um contato permanente com seu ambiente, e sua clausura operacional depende dessa correlação com o entorno;

b) um princípio em que todas as decisões serão realizadas de maneira participativa, pois isso faria com que houvesse um sem número de decisões sobre outras decisões. Não se exclui, note-se, a possibilidade da democracia participativa. Mas há algumas decisões que já são tomadas a priori, como, por exemplo, a própria decisão de que pode existir participação popular na construção de decisões democráticas.

Desse modo, democracia participativa é incentivada, porém ela carece de espaços em que algumas decisões precisam ser destinadas aos representantes do povo. Isso se dá mediante distinções. E essas distinções ocorrem desde o início da democracia, isto é, quando o poder é concebido. Daí que a diferença entre governo e oposição (Luhmann, 1999, p. 166) é essencial para esse entendimento. O Brock era oposição e fazia parte da unidade distintiva do governo. Essa codificação trouxe a possibilidade de que, no interior do sistema, o poder dominante pudesse receber as comunicações do poder periférico.

No que tange à democracia, portanto, a questão radical de Luhmann (Moeller, 2012) não reside no fato da impossibilidade da ocorrência democrática. O problema é que a democracia real pode aniquilar a democracia. Veja-se: acreditar na realidade da participação social nas eleições é algo necessário para a autorreprodução do sistema político. Nem todas as pessoas realmente participam das eleições. No caso brasileiro, o voto pode ser justificado, os menores de 16 anos não possuem tal direito e os maiores de 70 votam facultativamente. Isso sem falar na impossibilidade de os conscritos exercerem o direito ao voto. Ademais, nem todas as pessoas votam de acordo com sua vontade. E, em alguns países, como os USA e o Brasil (sistema proporcional para deputados federais e deputados estaduais), candidatos com menos votos são eleitos em detrimento daqueles que receberam mais votos.

Reforçando o argumento, as eleições – ainda mais no Brasil – não descrevem o futuro da sociedade. Contudo, pensar que isso se realizará desse modo é indispensável. A ocorrência da normalidade nas eleições mantém o sistema político estável. Todavia, o descumprimento das promessas levadas a cabo nas eleições (desapontamento – item 5.1.) dispensariam decisões posteriores, levando à ausência de funcionalidade do sistema da Política. Como relembra De Giorgi (1998, p. 49):

> A história das ideias sobre a democracia moderna é uma história de promessas não cumpridas, de ideais suspensos, de expectativas insatisfeitas, de princípios não frustrados, de contratos sociais estipulados e não respeitados.

Nessa senda, a democracia consegue se apresentar como o horizonte expresso não apenas do sistema político, mas do sistema social. Ela se torna, portanto, a comunicação do ambiente de todos os sistemas, e, também, do interior de todos os sistemas. Veja-se, por exemplo, que a Constituição Federal de 1988 abandonou a ideia de Estado de Direito para uma concepção de Estado Democrático de Direito (Corrêa, 2012), produzindo uma diferença semântica bastante grande não somente para o Direito e para Política (acoplamento estrutural), mas também para todos os subsistemas sociais como é o caso da arte (BRock).

Em termos de TSAD, as noções de democracia restam focadas na distância entre norma e realidade (Giorgi, 1998, p. 50). A descrição do futuro das mesmas é idêntica. O futuro (CF/88) seria o lugar do passado (ditadura), local em que os erros de outrora restariam reparados. Disso tudo resulta que a democracia é a base para que se consiga a construção de um altíssimo potencial de seletividade e, com isso, de estabilização evolutiva do sistema da política (Giorgi, 1998, p. 51).

A democracia é, assim, o ponto de referência para que seja elaborada a política da complexidade do sistema social. Tal era a situação do Brasil nos anos 80 e continua sendo no ano de 2013. Desse modo, note-se que a ideia luhmanniana sobre política e Direito coloca a democracia como parte essencial da aquisição evolutiva do sistema social. Luhmann é, portanto, segundo Moeller (pp. 102), um advogado da diferenciação funcional dos elementos do sistema político (Estado, audiência e eleitorado). A democracia se torna o mais importante requisito para a continuidade da existência de sistemas políticos que adquiriram uma certa evolução.

Veja-se: um dos grandes fatores que levou à elaboração da CF/88 foi a ausência de democracia durante a CF/67. Em outras palavras, é a busca pela democracia um dos grandes pilares e, talvez, um dos maiores sustentáculos dos trabalhos da Assembleia Constituinte que precedeu a atual Constituição brasileira (Costa, 2012). O quadro do sistema social brasileiro da época é bem descrito por Brandão (2009, p. 1)

> A "crise do milagre brasileiro" ou do "milagre econômico", nos finais da década de 1970, em conjunto com as crises econômicas mundiais como a crise do petróleo no Oriente Médio, por exemplo, afetou verdadeiramente a vida social e financeira de vários brasileiros. Entre os anos 1980 e 1990, o Brasil vivenciava excessivos problemas socioeconômicos, que se davam durante a passagem da ex-ditadura militar brasileira para a nova República em 1985, esses anos ficaram batizados por certos economistas como "a década perdida"

Nesse sentido, como observa Tournepiche (2011, p. 151), não é de se estranhar a ligação entre rock e democracia, pois aquele nasceu no seio de uma democracia ocidental – os EUA – no século passado. Ele se desenvolve, ainda, como um vetor do pensamento democrático com alto potencial de subversão em relação às ordens estabelecidas não democráticas. De fato, a formação de grupos de rock em sociedades fechadas é um sinal, mesmo que tímido, de um início de sua abertura. Um paradoxo.

A ligação entre o rock e os governos (anti)democráticos é bastante conhecida (Bennet, et al., 1993, p. 9). O entendimento de que o rock representa uma oposição ao governo em vigência faz com que esses mesmos governos ou o ignorem ou o reprimam. Nunca se tornam aliados. Um erro.

Como recorda Barreiros (2006, p. 6), no caso do BRock, a redemocratização da década de oitenta "fez que se desmanchasse no ar a sólida cisão entre músicos engajados e alienados". Consoante explicitado no item 3.1, a elite popular brasileira entendia o rock como algo alienado, uma comunicação musical desimportante e dirigida, principalmente, às massas. Uma música potencialmente destinada a servir de distração e não de subversão. Ledo engano.

A arte necessita definir o que é significante em determinado momento e o que não é (ou o que será). O rock, assim, enquanto forma musical, caracteriza determinada unidade temporal. Assim procede por meio de suas letras, de suas melodias, de sua dissolução da dissonância ou do atraso na própria música (Luhmann, 2000, p. 114). Nos anos 80, no Brasil, o ritmo e a melodia do rock serviram de meio para cristalizar uma unidade de tempo: as mudanças democráticas urgiam e uma nova Constituição era uma imposição. Justamente por isso é que o BRock conseguiu influenciar os demais subsistemas sociais. Ele foi capaz tanto de antecipar quanto de definir a temporalidade daquela época, definindo o tempo futuro (democrático e constitucional).

Nesse sentido, ainda com Tournepiche (2011, p. 151-152), quando o rock pugna pela democracia ele o faz de dois modos: (a) em Estados não democráticos, ele se associa a valores democráticos, como, por exemplo, a liberdade de expressão, e (b), em Estados Democráticos, ele não se preocupa tanto com a liberdade referida quanto com a proteção de valores ligados a grupos marginalizados pela sociedade na qual se inserem.

Há, aqui, um ponto de conexão latente entre os propósitos do rock em relação à democracia e a situação do Brasil – e de rock brasileiro – nos períodos de recorte do presente livro. À época, o Brasil era considerado uma ditadura, e, por via de consequência, um país não democrático (Bonavides & Andrade, 1991). O regime militar vigente então outorgou a CF/67, além de editar várias outras normativas tendentes à supressão de direitos fundamentais, tais como a restrição da liberdade de expressão (item 3.3).

Como referido anteriormente, é justamente em países considerados antidemocráticos, ou naqueles em que se vive sob regimes repressivos, como era no Brasil de 1967-1985, que o rock começa a surgir com maior força subversiva, em especial quando a liberdade de expressão é reduzida, ou, até mesmo, suprimida. Essa é uma das razões pelas quais o BRock toma de assalto o país. Nas palavras de Nelson Motta, citado por Piccoli (2008, p. 79):

> A MPB, a geração mais velha, dizia que a garotada dos anos 1980 foi criada sob a ditadura, não pôde ouvir nada, não viu determinados filmes, não leu alguns livros e matérias nos jornais. Foi criada na alienação. Engano total! Porque essa turma veio com muito mais fúria e informadíssima. Tanto que Cazuza e Renato Russo foram os primeiros a tocar em dois temas-tabu para a esquerda e para a direita brasileiras: sexo e drogas. Os dois foram os primeiros a falar abertamente que eram gays, assumiram essa condição em suas músicas, comentavam em entrevistas sobre drogas.

Não é coincidência que o tema da censura é abordado incessantemente pelos integrantes do BRock (item 3.3), a comprovar, claramente, que a comunicação musical do rock desse período (1980-1989) possui uma evidente orientação para a mudança das expectativas normativas. Democracia era algo que se impunha.

Veja-se, relembrando-se, que durante os comícios das Diretas Já, o deputado Ulisses Guimarães, o mesmo que veio a se tornar o símbolo pela luta da confecção de uma Constituição democrática, fazia coro com o povo e cantava trechos da letra da música "Inútil", do Ultraje a Rigor (Rigor, 1987), em especial o seguinte trecho: "a gente não sabemos escolher presidente...". Era uma metáfora entre o rock e a busca pelas eleições diretas e democráticas. Uma prova viva de que existe uma relação metafórica entre a música e o Direito, assim como defende Mônica Sette Lopes (2006).

Nesse momento histórico da retomada democrática brasileira, é inegável (item 3.3), portanto, que o rock soube captar os ruídos de fundo dos demais subsistemas sociais, bem como soube transformar essa insatisfação em uma comunicação toda sua, própria, ligada, como já explicitado, a seu caráter subversivo e a seu anseio por novas expectativas normativas. É dizer: o BRock auxiliou na construção do futuro (item 2.4) do Brasil. Claro, dentro dos limites que ele possui (item 2.3.) e partir de sua própria diferenciação. A narrativa de Alexandre (2002, p. 165) a respeito reforça o argumento:

> Em 25 de Abril de 1984, durante a votação da Emenda Dante de Oliveira, o Brasil aguardava, apreensivo, seu destino. Com milhares de pessoas nas ruas de Brasília, a Polícia Militar cercava o Congresso e os principais cruzamentos da cidade – e foi nesse cenário que a Plebe Rude compôs o que seria um de seus maiores sucessos, "Proteção". Apesar do insuspeito apoio de vários políticos de direita à emenda (que ajudou a somar 298 votos a favor, contra 65 desfavoráveis), houve 113 ausentes ao plenário, uma estratégia do PDS. A proposta acabou rejeitada, por falta de 22 votos. Mais do que nunca, a gente não tínhamos sabido tomar conta da gente.

O rock, portanto, possui uma característica que lhe é inseparável: ele constrói – ou destrói – realidade. Integra e desintegra. Fragmenta para poder unir (Schwartz, 2012). Na descrição de Grossberg (1993, p. 206):

> Rock is, after all, more than just a territorializing machine; it is also a deterritorializing machine. Its power lies in its ability not only to construct maps of everyday life, but also to deconstruct such maps as well. Rock can celebrate insecurity and instability even as it constructs secure spaces. It can challenge the particular stabilities of any organization of everyday life. It can seek to rock the cultural and quotidien boat.

Essa máquina de reterritorialização e de desterritorialização, essa comunicação musical construtora da realidade cotidiana e de sua destruição, esse elemento perturbador da estabilidade dos subsistemas sociais, seguiu a mesma rota tanto no Brasil do BRock quanto em outras nações no que diz respeito à democracia como demonstram os exemplos a seguir.

4.2.1. Rock e democracia "around the world"

O rock se constituiu em um movimento único sob o ponto de vista musical e comportamental. Ele colocou a música no centro da evolução da sociedade contemporânea, ocupando um espaço tradicionalmente demarcado pelos demais subsistemas sociais, em especial o político, o jurídico e o religioso. Muggiati (1985, p. 7) assim descreve esse estado das coisas no fim dos anos 60 e no início da década de 70 do século passado:

> Foi um fenômeno único na História. Nunca, como nos anos finais da década de 60, a música teve tanta importância, figurando no centro de profundas mudanças no indivíduo e na sociedade. Pela primeira vez o mundo se via à beira de uma revolução que não seguia o caminho político, nem o militar.

A ideia da beleza, presente na codificação do sistema artístico, bloqueia a distinção entre a codificação e a programação, introduzindo a distinção que se traduz em uma ideia (Luhmann, 2000, p. 193). O conceito de que o BRock representava um estado artístico cuja crítica musical reconhecia como de qualidade, fazia com que seu código subversivo pudesse trazer programada uma ideia a partir de uma distinção, de algo novo: a Constituição Federal de 1988.

É por isso que Tournepiche (2011, p. 152) refere que o rock consiste num instrumento endógeno da democracia. Cita exemplos de como isso ocorre pelo mundo afora em uma similitude impressionante com o BRock. Um bom caso é o da banda The Plastic People of the Universe. Oriundos da ex-Tchecoeslováquia organizavam concertos clandestinos durante a repressão. A proibição de suas atividades fez com que membros do grupo organizassem um movimento que permitisse a legalização de seus shows. Um dos firmatários da *Charta 77*, uma petição assinada por opositores ao regime de normalização, pela URSS, da sociedade tchecoeslovaca, foi Vaclav Havel, futuro presidente democrático daquela nação, que afirmou, posteriormente, que a revolução que levou à democratização se deveu, entre outros, a uma banda de rock (Tournepiche, 2011, p. 153).

Beauvais relembra o caso da URSS (2011). Refere que, naquele país, o rock se constituiu como um símbolo de dissidência a partir dos anos 70, culminando com o *Music Peace Festival,* ocorrido no Gorki Park nos fins dos anos 80. É desse evento que os *Scorpions* retiram sua inspiração para o hit *Wind of Changes* que falava, como o próprio título diz, dos ares de *glasnost* e de *perestroika,* experimentados pelos soviéticos à época.

No mesmo contexto, Richmond (2005, p. 243) refere que o intercâmbio cultural promovido entre alguns cidadãos soviéticos e outros americanos, durante a época da Guerra Fria, teve a capacidade de acelerar a abertura da extinta URSS e a consequente derrocada do socialismo na Europa. Outros fatores contribuíram para tal desiderato: a atuação de Reagan e do Papa João Paulo II, a trilogia "Star Wars", as ações militares americanas, a malsucedida invasão afegã, o desastre de Chernobyl, as mudanças que a URSS experimentou nos anos 80, entre outros.

Seu argumento básico é o de que a exposição à cultura americana fez com que os soviéticos, criados na crença de que o Ocidente era decadente, fossem expostos a uma realidade bastante diversa daquela que lhes foi passada ideologicamente. Com isso, houve o começo para requestionar sua própria sociedade. Em suas palavras (Richmond,

2005, p. 243): "Rock and roll, as well as jazz, were others forms of cultural exchange that brought change to Soviet Union".

Útil é a observação de Palazchenko sobre o papel dos Beatles na sociedade soviética (1997, p. 3). Segundo o autor, de alguma forma, as canções dessa banda chegaram aos ouvidos da juventude soviética, fazendo com que ajudassem os jovens soviéticos a criarem seu próprio mundo. As pessoas cantavam as músicas com seu coração. Era um mundo diferente da insensibilidade ideológica e da liturgia que imperava na URSS, em grande, parte tributária a Stalin.

O rock, portanto, auxiliou os russos a falarem mais livremente, a expressarem seus pensamentos mais profundos. De acordo com Richmond (2005, p. 244), é fato que muitos autores daquela origem defendem ser o rock uma das causas do colapso comunista. Nessa esteira, quando Elton John, em 1979, foi-se apresentar na URSS, as autoridades, que possuíam os melhores tickets (distribuídos pelo próprio Partido Comunista), pediram que ele não tocasse a música Back in the USSR, dos Beatles. Ele o fez mesmo assim, deixando o local do concerto em um frenesi que beirou as raias do vandalismo. Era uma espécie de libertação, própria do código subversivo/não subversivo e da conexão democrática do rock.

Do mesmo modo, na Inglaterra de Tatcher, o *punk* representou um movimento que auxiliou na reverberação das insatisfações sociais que permearam o país durante o governo ultraliberal da Dama de Ferro. E o fato de ele ser considerado marginal e anticomercial o impulsionaram para o sucesso que foi em termos de comportamento da juventude britânica (Frith, 1993).

Na Alemanha Oriental, no ano de 1987, uma banda de rock local chamada Silly, lançou uma música denominada "The Cabaret is Dead" que, de certa forma, antecipou os acontecimentos de 1989 (a queda do Muro de Berlin). Conforme narram Wick e Shepherd (1993, p. 17), a música demonstrava as relações contraditórias entre a burocracia do partido comunista (GDP), descritas como absurdas – um cabaré. O rock era popular e, mesmo assim, seus artistas deviam manter relações estreitas com o Comitê de Entretenimento Artístico para poderem continuar suas atividades. Segundo a música, a morte seria a única saída. Foi. Do regime opressivo.

Mas o fato curioso da ligação do rock com a dissolução da Alemanha Oriental é que aquele foi um empreendimento deste. A máquina estatal esqueceu-se, todavia, do potencial subversivo inerente ao rock. Nas palavras de Wick e de Shepherd (1993, p. 17):

> The attempt to institutionalize rock culture as a state enterprise, to turn it into an organ of state-run political education, played a central role in the processes of disintegration which led to the country's dissolution. By imposing a highly restricted and conservative understanding of art which had its roots in the Enlightenment of the eighteenth century on the cultural life of a people within a modern industrialized society, the state and party bureaucracy created conditions in which manifestations of modern cultural life could be found only in the margins and cracks of the social system.

Em outro país de língua inglesa, a Austrália, o rock de bandas tais como No Fixed Address and No Mob (Davies, 1993, p. 248), com seu sucesso e suas mensagens, auxiliou os australianos a terem consciência dos problemas que as comunidades aborígenes enfrentam naquele país, visto que referidas bandas eram/são compostas de membros de descendentes dos primeiros habitantes da Austrália.

Na Argentina, a relação entre democracia e rock se tornou mais evidente durante a Guerra das Malvinas (Martolio, 2012). Com a proibição pela ditadura argentina de se tocarem músicas cantadas em inglês no território austral, coube ao rock exprimir os horrores da guerra e postular pelo retorno da democracia. Tal movimento foi tão intenso que o rock é, até hoje, uma música altamente impregnada no cotidiano dos argentinos. Um símbolo ainda vivo de uma época em que guerra e ditadura haviam-se unido no território do país vizinho.

Tamanho foi o impacto do rock nacional argentino que ele se espalhou, com muita força, pelos países da América do Sul, como, por exemplo: Chile, Bolívia, Venezuela, Peru e Equador (Vila, 1989, p. 2). Coincidentemente, todos eles viviam à sombra de regimes ditatoriais ou não democráticos, reforçando a ligação entre rock e democracia defendida pela presente obra.

Apenas para exemplificar a ligação entre o rock argentino e seu Direito, quando foi aprovada a lei do divórcio naquele país – católico e conservador –, o presidente do Congresso recitou uma letra de um afamado membro do rock nacional Hermano: Gieco. Ela dizia: "Eu apenas peço a Deus que não me faça indiferente ao amor das pessoas". A música era o hit *Solo le Pido a Dios*.

Na Coreia do Sul, o rock foi crucial em três eventos determinantes daquele país (Son, 2012). A saber:

1) O chamado *Taemach'o P'Amun* (escândalo da maconha), envolveu, entre outros, vários roqueiros. Ocorreu em meados dos anos 70. Associado ao movimento da cultura *hippie*, o rock

foi largamente perseguido pela censura local em função desse escândalo.

2) O *Kukp'ung 81* (ventos nacionalistas de 1981) foi um evento cultural promovido pelo governo da época. Uma banda de rock coreana chamada Galaxy, proveniente da Universidade Nacional de Seul (*college rock*), ganhou o concurso para novas estrelas musicais com uma composição denominada "Hak" que postulava paz e liberdade durante a ditadura coreana.

3) A Copa do Mundo de Futebol de 2002, visto que captou o sentimento de unir aquilo que a política desintegrou: a Coreia. Os dois maiores hits da época eram versões rock de grandes sucessos coreanos que, traduzidos, significam, respectivamente: "À Vitória, Coreia" e "Unidos".

Nessa senda, a partir dos exemplos narrados, verifica-se a existência fática de uma relação de troca de comunicações entre o rock e a democracia bastante natural. Desse modo, como o BRock influenciou a positividade do texto constitucional de 1988 no Brasil? Em que aspectos houve decodificação jurídica da comunicação musical? É do que trata o item seguinte.

4.3. A incorporação da comunicação do rock na Constituição de 1988. Positividade e observação de primeira ordem

Referiu-se anteriormente (item 2.3) que uma das grandes características da comunicação musical produzida pelo rock está em seu código subversivo/não subversivo. Também ali foi apontado que o rock praticamente se alinha com as mudanças sociais que alimentam valores ligados ao individualismo. O BRock não se constituiu numa exceção a essa regra.

Nessa esteira, Beauvais (2011) aponta alguma das pautas que acabaram sendo comunicadas pelo rock e, depois, ou positivadas ou reforçadas, pelo sistema jurídico. São elas:

1) O abrandamento do direito penal em relação ao sexo e às drogas.
2) A liberdade de expressão como fundamento jurídico da liberdade do roqueiro.
3) A proteção da dignidade das pessoas.

Adiante-se que considerável parte das comunicações supracitadas foram incorporadas na CF/88 ou por legislações infraconstitucionais posteriores. Veja-se:

O abrandamento do direito penal com relação às drogas está relacionado à concepção de que a adição é uma doença e como tal deve ser tratada. Essa é a posição da Lei 11.343/2006.

1) No que tange à criminalização da liberdade sexual, o Brasil não evoluiu muito quando comparado ao seu estatuto penal, datado de 1940. As modificações na legislação foram todas no sentido de acréscimo de tipos penais, a exemplo da inserção do crime de assédio sexual (art. 216-A do Código Penal) ou o aumento de penas para o delito de estupro e as formas qualificadas do atento violento ao pudor (Lei 8072/1990).

2) A liberdade de expressão, por outro lado, vem protegida pelo princípio do pluralismo político (art. 1°, V), enquanto direito fundamental individual (art. 5°, IV, VIII e IX), e, ainda, com a proibição da censura (art. 220, §2°).

3) A proteção da dignidade das pessoas é um dos grandes vetores da interpretação constitucional (Sarlet, 2001, p. 67-78), forte em sua positivação enquanto princípio do Estado Democrático de Direito Brasileiro (art. 1°, III).

Ainda em consonância com esse propósito, é possível identificar outras comunicações tradicionalmente produzidas pelo rock e que possuem capacidade de irritar o sistema social:

1) a denúncia das injustiças (Magnon, 2011, p. 73-78);

2) a proteção da vida (Nicaud, 2011, p. 95);

3) a proteção da saúde pública (Nicaud, 2011, p. 99);

4) a promoção e a proteção de democracia (Tournepiche, 2011);

5) a posição contra e existência das guerras (Mastor, 2011); (Grant *et al.*, 2010);

6) a defesa dos direitos humanos (Marchadier, 2011); (Grant *et al.*, 2010);

7) a coesão com os direitos das mulheres (Garcia, 2011); (Bayton, 1993); (Poiger, 1996).

Novamente, relevante parte de tais características restaram positivadas na CF/88. A saber:

1) A redução das desigualdades sociais é um dos objetivos fundamentais da República Federativa do Brasil (art. 3°, III).

2) O direito à vida possui *status* de inviolabilidade (art. 5°, *caput*).

3) O direito à saúde é uma inovação da CF/88 (Schwartz, 2001) e vem acompanhado de princípios que os garantem para toda a população brasileira e também para os estrangeiros residentes no país (arts. 6° e 196 a 200).

4) A democracia é a condição básica do Estado brasileiro. Seu vetor. O Brasil é um Estado Democrático de Direito (art. 1°, CF/88).

5) Nas suas relações internacionais, o Brasil é regido pelos princípios da solução pacífica das controvérsias (art. 4°, VII) e pela defesa da paz (art. 4°, VI).

6) A defesa dos direitos humanos possui previsão tanto no âmbito das relações internacionais (art. 4°, II) quanto em sua eficácia interna (art. 5°, §§ 2° e 3°).

7) A igualdade entre homens e mulheres evidencia-se num direito fundamental elencado como cláusula pétrea no art. 5°, I.

Levando tais características em consideração, pretende-se, nesse momento, verificar como as expectativas normativas elencadas no item 3.3. foram inseridas na CF/88. Lembre-se, todavia, de que em termos de TSAD não se fala em positivação mas em positividade. Isso significa que o Direito não é determinado por si próprio ou por normas superiores, mas sim pela sociedade e por sua evolução – entendida como aumento de complexidade social. Esse aumento de complexidade gera aumento de contingências e de possibilidades. O Direito positivo – fenômeno da sociedade moderna – encontra-se nessa seara, procurando se adaptar às novas exigências sociais. E é nesse ponto (relação entre Direito e Sociedade) que a TSAD visa a compreender a positividade do Direito (Luhmann, 1983, p. 47):

> Para encontrar soluções bem integráveis, confiáveis, é necessário que se possa ter expectativas não só sobre o comportamento, mas sobre as próprias expectativas do outro.

E é na interseção entre a expectativa e a expectativa que existe sobre a expectativa de outrem que reside a função da norma jurídica, ou seja, da positividade do Direito. Nesse sentido, o Direito deve comprovar sua adequação como programa decisório, e a positividade do Direito pode ser concebida como a seletividade intensificada do Direito. Assim, em outras palavras, de que maneira houve a seleção das comunicações do BRock para a elaboração da CF/88, o acoplamento estrutural entre Direito e Política?

4.3.1. Uma nova CF

Como afirmam Bonavides e Andrade (1991, p. 451), o processo que levou à elaboração da Constituição Federal de 1988 é precedido de fatores políticos únicos. Por isso, tais autores consideram o trabalho da Constituinte de 1987 como o mais singular da história constitucional brasileira.

A Constituição Federal de 1988 não foi fruto de uma ruptura social como, por exemplo, a de 1824 (transição para uma país independente) ou a de 1891 (mudança da monarquia para a república). Isso não significa dizer, todavia, que não existia um ruído que clamava por mudanças, tal como o BRock escancarava em suas comunicações musicais.

O BRock teve a capacidade de demonstrar o que ocorria na sociedade brasileira. O estado de ânimo da sociedade, as comunicações que se verificavam no entorno dos subsistemas sociais, tudo isso requeria uma mudança drástica. Era preciso que a denominada Revolução de 1964 chegasse ao fim e que o AI-5 fosse efetivamente esquecido. Uma nova descrição de futuro era impositiva.

Ocorre que o futuro é normalmente descrito em formato de Constituições (Giorgi, 1998, p. 54). O presente do futuro, a CF/67, não atendia mais aos anseios da sociedade brasileira, e o futuro do presente – a descrição do que se pensava para a sociedade do Brasil – precisava ser (re)elaborada – CF/88. Essa era a grande comunicação reinante na sociedade brasileira dos anos 80 do século passado, bem resumida por Bonavides e Andrade: (1991, p. 451), para quem os trabalhos da Constituinte de 1987 atuou

> na alma da Nação, profundamente rebelada contra o mais longo eclipse das liberdades públicas: aquela noite de 20 anos sem parlamento livre e soberano, debaixo de tutela e violência dos atos institucionais, indubitavelmente um sistema de exceção, autoritarismo e ditadura cuja remoção a Constituinte se propunha a fazê-lo, como em rigor o fez, promulgando a Constituição ora vigente.

O canto do BRock, apenas uma das expressões do clamor social, foi ouvido. Com a CF/88 criou-se um espaço de possibilidades altamente complexo e com potencial altíssimo de perturbação/irritação dos demais subsistemas sociais. Ela trazia, consigo, várias características absolutamente distintas em relação à Constituição anterior. Uma delas era o Estado Democrático de Direito, uma espécie de autodescrição distintiva entre o passado e o futuro brasileiro. Uma comunicação – também musical (BRock) – positivada, e, portanto, orientadora do agir do sistema da política e das decisões no sistema jurídico. "O Futuro não é mais como era antigamente", como cantava Renato Russo. O futuro se realizava no presente.

4.3.2. O Estado Democrático de Direito

O estabelecimento do Brasil como um Estado Democrático de Direito é, de fato, uma das grandes modificações quando se compara a CF/67 à CF/88. Não era uma surpresa que o Estado de Direito fosse modificado em função do clamor pela democracia que o BRock tanto encampou em sua comunicação, em evidente sintonia com os ruídos existentes na sistema social de um país (ainda) periférico como o Brasil.

De um modo bastante sucinto, o Estado de Direito que vigorava durante a CF/67 se ancorava em algumas características. Elas são explicadas por Canotilho (1999):

1) Império da Lei;

2) Legalidade da Administração;

3) Divisão dos Poderes;

4) Direitos e Liberdades Fundamentais.

Note-se que são características ligadas ao que se convencionou chamar de Estado Moderno, resultado da evolução aquisitiva da sociedade moderna, em especial àquela construída após a Revolução Francesa. Ele surge, em suma, para coibir eventual abuso do poder exercido pelos representantes do povo e, tanto quanto possível, garantir os direitos e as liberdades fundamentais dos cidadãos.

O BRock demonstrou claramente (3.3) que o Estado de Direito não correspondia às expectativas normativas da sociedade brasileira durante a época do regime militar, altamente ancorado no e pelo Estado de Direito. Como relembra Canotilho (1999, p. 10), um Estado verdadeiramente constitucional possui duas características:

1) Legitimidade do direito, dos direitos fundamentais e dos processos de legislação no Estado de Direito; e

2) Legitimidade de uma ordem de domínio e da legitimação do exercício do poder político.

Aduz Canotilho que é justamente sobre essa segunda característica que o Estado pretensamente "impolítico" do Estado de Direito não consegue fornecer uma resposta segura aos problemas da sociedade contemporânea. Era assim que a juventude brasileira da década de 80 do século passado se sentia. Era o que o BRock comunicava. A CF/67, muito embora uma Constituição, não era sinônimo – ao contrário – das características retrorreferidas.

Assim, era preciso um novo modelo, destinado à correção das desigualdades sociais e orientado para a justiça social. Um Estado em que a soberania do povo fosse efetivada a fim de evitar a sobreposição de códigos de alguns subsistemas em relação a outros (Neves, 2007). Em outras palavras, o EDD se consolida como um dos conceitos políticos fundamentais da sociedade contemporânea (Streck, 2002, p. 95), pois propõe uma virada ontológica na compreensão do papel – transformador – do Direito na atualidade.

O Estado Democrático de Direito (art. 1º da CF/88) foi o modelo pensado. Ele significa, em grandes linhas, a subordinação do Estado à Lei e à Constituição. . Em outras palavras, o EDD se consolida como um dos conceitos políticos fundamentais da sociedade contemporânea (Streck, 2002, p. 95). O Estado deve obedecer à legalidade constitucional e a seus mecanismos para a manutenção da estabilidade sistêmica que esse acoplamento estrutural entre Direito e Política possibilita a partir de suas próprias especificidades. Suas principais características são (Canotilho, 1999):

1) Constitucionalidade – abarcada pelo sistema de controle de constitucionalidade previsto na CF/88;
2) Organização Democrática da Sociedade (art. 1º da CF/88);
3) Sistema de Direitos Individuais e Coletivos (art. 5º a 17, CF/88);
4) Justiça Social (art. 3º, I, CF/88);
5) Igualdade (art. 5º, *caput*, CF/88);
6) Divisão de Poderes e de Funções (art. 2º, CF;88);
7) Legalidade (art. 5º, II, CF/88);
8) Certeza e Segurança Jurídica (art. 5º, XXXVI, CF/88).

Todas as características do EDD citadas por Canotilho estão presentes na CF/88. Importante destacar que seu conteúdo ultrapassa a concretização de uma vida digna de todos os homens. A inversão semântica não é despropositada. A democracia precede ao Direito. Qualifica-o. Orienta-o. Perturba-o. É uma comunicação incessante, inventiva (Rocha, 1998) e, não por acaso, uma das grandes características da comunicação do rock (item 4.2) – tanto quanto seu libelo contra regimes repressivos.

4.3.3. Pelo término da repressão

Consoante já registrado, o Brasil vivia um longo período de repressão durante os anos 60 a meados dos anos 80 do século passado. As razões já foram expostas em diferentes partes desse livro. Uma em especial, todavia, fazia parte constante da comunicação do BRock. A repressão deveria acabar.

Nesse sentido, os trabalhos da Constituinte de 1987 foram orientados para que a futura Constituição (descrição do futuro) fosse um espaço que garantisse relações democráticas entre o Direito e a sociedade (Streck, 2001, p. 55-56). Ela deveria representar uma transição paradigmática a fim de que o futuro pudesse se apresentar como tal. Uma repetição do passado seria a continuação do passado.

O tema da repressão foi, portanto, central, no texto constitucional. Mas de modo a não permiti-lo, isso porque (Araújo, 2013, p. 337)

> o regime autoritário brasileiro preocupou-se, muito mais do que o argentino, com sua própria institucionalização, através de normas e procedimentos que, para além da mera aparência de legalidade, servia a propósitos derivados da necessidade mesma de regular seus conflitos internos, como se verá adiante. É claro que nada disso retira o caráter essencialmente repressivo da ditadura que, através de instrumentos como o AI-5 e de uma máquina semiclandestina de perseguição aos opositores, podia suspender, da noite para o dia, todas as normas ou procedimentos e deixar qualquer cidadão à mercê de uma violência extrema, cuja simples ameaça já poderia dissuadi-lo de pendores oposicionistas.

Desse modo, impunha-se que a CF/88 seguisse os ditames do constitucionalismo de um EDD (item 4.3.2) e fizesse com que a Constituição apresentasse como um limite do exercício do Poder, em especial do Executivo. Nessa linha de raciocínio, é que o art. 85 da CF/88 trouxe, descrito, todas as competências do presidente República. Ressalte-se que todos os incisos do referido artigo estão atrelados ao princípio da legalidade previsto no art. 37 da própria Constituição.

Demais disso, o art. 85, em seu inciso II, estabeleceu que é crime de responsabilidade o ato de Presidente da República que atente contra o livre exercício do Poder Legislativo, do Poder Judiciário, do Ministério Público e dos poderes constitucionais das unidades da federação. Ainda, o inciso III do mesmo artigo inseriu, na mesma categoria, o ato do Presidente que atente contra o exercício dos direitos políticos, individuais e sociais. O artigo 86, por seu turno, estabelece a forma de processamento de tais atos e suas consequências.

Apesar desses dois regramentos, é possível deduzir que os erros do passado eram, naquele presente (1987/1988), condição de descrição do futuro que a Constituição pretendida realizar. Agregue-se, ainda, apenas a título exemplificativo, o fato de que o processo de intervenção em outras unidades da Federação foi positivado de forma bastante restritiva (artigos 34 a 36), a inserção dos direitos fundamentais individuais ao nível de cláusula pétrea (60, §4°, IV) e elevação do princípio da harmonia e da independência dos poderes a um patamar de fundamentalidade (art. 2°) na CF/88, Tem-se, também, uma autodescrição constitucional que criou premissas decisórias cujo objetivo maior era o de promover a transição e, portanto, o de, paulatinamente, eliminar a repressão em solo brasileiro.

4.3.4. Os direitos fundamentais

A tradução da comunicação daquilo que o BRock trazia como espelho das expectativas normativas da sociedade brasileira (item 3.3) pode ser resumido a uma positividade dos direitos fundamentais ligados a seus reclames. A Constituição de 1988 trouxe, assim, "um manancial de possibilidades valorativas"(Cunha, 2007, p. 58). Um acréscimo importante de complexidade cuja influência é proveniente de todos os subsistemas sociais, inclusive o da Arte (BRock).

Na esteira de Sarlet (2013, p. 65-66), é importante relembrar que a concretização dos direitos fundamentais na CF/88 foi precedido de um longo período de autoritarismo. Daí que:

> A relevância atribuída aos direitos fundamentais, o reforço de seu regime jurídico e até mesmo a configuração do seu conteúdo são frutos da reação do Constituinte, e das forças sociais e políticas nele representadas, ao regime de restrição e até mesmo de aniquilação das liberdades fundamentais.

Na sentença de Sarlet, percebem-se dois pontos: (a) os direitos fundamentais previstos na CF/88 assim foram pensados porque necessitavam se diferenciar daqueles previstos na CF/67, e (b) o Constituinte levou em consideração o pensamento de todas as forças sociais presentes à época para positivá-los.

No que tange à primeira afirmação, a TSAD possui estrita conexão com a linha argumentativa expendida. De fato, (Luhmann, 1997) os direitos fundamentais são condição necessárias para diferenciação interna do subsistema do Direito. Eles tornam possível a autorreprodução e a inovação a partir da variabilidade e das estruturas ínsitas à clausura operativa do sistema do Direito (Schwartz, 2007, p. 50).

Em outras palavras: para que a CF/88 descrevesse o futuro, a diferenciação dos direitos fundamentais necessita ser preservada (cláusula pétrea) e, também, sua função deveria ser diversa da CF/67, em que esses direitos restavam submetidos aos interesses do Poder Executivo.

A respeito da segunda afirmação, pode-se dizer que ela confirma uma das teses centrais da presente obra. O BRock era uma das grandes forças sociais do Brasil na década de 80 do século passado (item 3.1.). Inegavelmente, ele se tornou um fenômeno na sociedade brasileira. Assim, o fato de que suas comunicações foram, em grande parte, positivadas, é um sinal de que ele, junto com outros subsistemas sociais, foi, também, responsável pelo direcionamento dos trabalhos da Constituinte de 1987.

Nessa esteira, como o norte desta obra é, igualmente, o de verificar como as expectativas normativas do BRock foram, ao final, positivadas pela CF/88, veja-se, abaixo, uma tabela ilustrativa, resumindo o argumento, sem, contudo, esgotar tanto as comunicações do BRock como a forma de sua positividade na Constituição. Dito de outro modo, a tabela que segue não é exaustiva.

COMUNICAÇÃO BRock	POSITIVIDADE NA CF/88
Desigualdade e Miséria	Art. 3º, III
Fim da Censura	Art. 5º, IX
Liberdade de Expressão	Art.5º, IX
Direito à Alimentação	Art. 6º
Proteção da Criança e do Adolescente	Art.227
Segurança	Art. 6º
Racismo	Art. 3º, IV
Distribuição de Riqueza	Art. 3º, III
Corrupção	Art. 37
Administração Pública Eficiente	Art. 37

Direitos do Trabalhador	Art. 7º
Direito à Saúde	Artigos 6º e 196
Liberdade Religiosa	Art. 5º, VI
Proteção dos Índios	Artigos 231-232
Paz	Art. 4º, VI.
Referendo e Plebiscito	Art. 14

O interessante, a partir da tabela em comento, é que a CF/88 traz, em si, dois aspectos bastante contundentes para provar a validade da presente obra. São eles: (a) da comunicação musical do BRock, a imensa maioria, à exceção do pedido pelo cancelamento do alistamento militar obrigatório, está presente no texto constitucional; e, (b) das características que, tradicionalmente, a comunicação musical do rock contém (item 4.3), todas elas fazem parte da CF/88.

Também por esse motivo, pode-se reforçar o argumento de que o código musical do rock está amparado na unidade de diferença subversivo/não subversivo (item 2.3.) e que sua programação está ligada à democracia. Nesse sentido, se a CF/88 é conhecida por resgatar a democracia no Brasil, não é de causar estranheza o fato de que o BRock conseguiu produzir perturbação no ambiente dos subsistemas sociais dentre os quais, ele, o rock, é parte integrante de outro subsistema (arte).

5. O futuro não é mais como era antigamente

O título utilizado no presente capítulo vem de uma música da Legião Urbana denominada "Índios" (1986). Apresentava a descrição de futuro utilizada por Luhmann. O presente como uma distinção entre passado e futuro. O Capital Inicial, na música "Todos os Lados" (1989), cantava:

Mas eu não quero sentir saudade
De um futuro pela metade
De um futuro que já passou

Uma coincidência. O próprio BRock se desiludiu com o futuro descrito por ele mesmo. E com bastante antecedência ao Junho de 2013. A Constituição de 1988 era o céu, era a promessa. Ela foi o espelho de um determinado momento que buscava a transformação do futuro, como procurava o BRock. A Constituição desejou muito e as expectativas que ela lançou perante os demais subsistemas sociais nem sempre foram filtradas de acordo com sua comunicação originária.

Daí que a violação ou a ausência de efetividade do texto constitucional merece ser mais bem compreendida no contexto da TSAD. Conforme já abordado no item 3.3, as expectativas normativas lidam melhor com o desapontamento do que as expectativas cognitivas. De fato, a violação das normas jurídicas é condição necessária para a reafirmação do Direito. O *UnRecht* reforça o *Recht* em uma unidade distintiva – e recursiva.

Desse modo, o presente capítulo destina-se a verificar como o subsistema do Direito lida com as decepções, de que maneira o rock brasileiro da segunda década do terceiro milênio proporciona-lhe comunicações que produzem modificações em sua autorreferência e, por fim, como o Junho de 2013 se posicionou tanto em relação à CF/88 quanto ao rock brasileiro contemporâneo.

5.1. O trato da decepção pelo sistema jurídico

A expressão possibilidades de futuro é utilizada por Bora (2012, p. 133) para designar uma orientação futura que coordena cada uma das comunicações no presente. Nesse sentido, desde o ponto de vista do subsistema político, a CF/88 trouxe um norte democrático para sua autorreferência; de outro, sob o ângulo do sistema do Direito, trouxe uma série de inovações que testaram sua capacidade de aprendizado, especialmente em seu efeito cognitivo (Teubner, 2012, p. 124), em especial, para os efeitos deste livro, daquelas (item 3.3) abordadas pelo BRock.

Luhmann (1976) classifica a operação da temporalidade em três modalidades de tempo. A saber:

a) O tempo cronológico, uma sequência de dados em que o futuro abarca tudo aquilo que se realiza no presente.

b) O tempo modal, que utiliza três linguagens temporais (passado, presente e futuro). A comunicação ocorre apenas de modo sequencial.

c) O futuro delimita o campo de observação e resta, sempre, fora do alcance da facticidade.

A partir dessas concepções, torna-se possível afirmar que o tempo futuro não pode, jamais, iniciar. Ele se constituiu em um objetivo, uma meta. Imanência. O futuro sempre influencia o presente e suas decisões. Ele é parte de seu conhecimento. Abertura cognitiva tanto para o Direito quanto para a Política, (CF/88) e, claro, para a Arte (BRock). Ideias contrárias a essa esquecem-se do presente, o ponto distintivo entre futuro e passado (Giorgi, 1998, p. 50):

> Não se enxerga que o tempo da política é o presente, e que o tempo da complexidade é o tempo da simultaneidade, que, por sua vez, é sempre o presente. O tempo da decisão é o presente.

Nesse ponto, há uma série de futuros descritos no presente. Futurização O futuro merece, portanto, ser desfuturizado (Luhmann, 1976, p. 143-144), visto que a decepção, o desapontamento, é inevitável. Isso somente se complexifica quando se percebe que nenhum subsistema da sociedade regula outro, inexistindo hierarquia entre eles. O resultado é uma overdose de futuros que se torna ainda mais potencializada quando se entende que os subsistemas sociais tematizam o futuro incessantemente e que para os três envolvidos nesta obra (Arte, Política e Direito), a CF/88 representou um descortínio absoluto de novas possibilidades no futuro.

O problema reside quando a expectativa não é satisfeita. Essa não satisfação ameaça "anular o efeito redutor da expectativa estabilizada" (Luhmann, 1983, p. 66). O desapontamento está ligado ao que não é certo. Quando a expectativa não consegue se modificar ou ser substituída por uma nova segurança, ela necessita ser reconstruída em nível funcional generalizado.

A todos é acessível, de alguma forma, o futuro. Cada subsistema social trabalha com seus meios específicos a questão de como lidar com as surpresas e de como essa questão pode ser limitada, reduzida, ou interpretada com outro valor. Eles se diferenciam segundo uma perspectiva operacional e uma estrutural (Bora, 2012, p. 137). Essa diferenciação ocorre no modelo proposto por Bora (2012, p. 138) com base na capacidade de aprendizado dos subsistemas:

a) A política possui um modo primário de futuros presentes e de presentes futuros calcados fortemente em modelos políticos e em utopias. É esta última que possui a capacidade de inovar. Por isso, a forma de construção de expectativas revela-se na produção do futuro por meio de decisões. Seu trato com a decepção se dá por meio do esquecimento (com novas decisões), pelo aprendizado e pela conformação. Esse é o papel, por exemplo, das Emendas Constitucionais e da Revisão Constitucional na CF/88;

b) Os movimentos sociais possuem um modelo de futuro primário negativo e também se baseiam em utopias (item 5.3), postulando presentes futuros e futuros presentes. Suas expectativas são construídas por meio da produção de um futuro em formato de avisos (Junho de 2013) e eles abarcam a decepção pela confirmação da forma e pelo esquecimento dos temas (novos avisos – novos Junhos de 2013).

c) O Direito trata os futuros presentes pelas expectativas normativas (3.3). Constrói as expectativas mediante normas. O trato de sua decepção se dá por meio da sanção, isto é, o Direito que se reafirma mediante aprendizado.

Uma expectativa normativa desapontada, isto é, aquela em que ocorreu o dano, tem como efeito a não aceitabilidade do desapontamento. A partir daí ocorre uma reação, que, via de regra, aciona o sistema social, em especial o sistema encarregado da produção legislativa (Poder Executivo) que, analisando dito desapontamento, passa a criar normas de expectativas contrafáticas. Vale dizer: normas jurídicas. Desse modo, haverá uma antecipação de desapontamento normativa.

Com isso, a expectativa normativa inserida em um sistema complexo tem como função maior a de "dilatar as possibilidades de expectativas, juntamente com sua interação contrafática" (Luhmann, 1983, p. 76). Essa contribuição, fruto do convívio social, gera uma superprodução normativa. Esse mecanismo é fundamental, pois gera as possibilidades do que se deve esperar do normativo, e em relação ao qual o Direito passa a ser uma estrutura seletiva.

Assim, o futuro é, para todos os subsistemas abordados no presente livro (Arte, Política e Direito), aquilo que as operações presentes almejam. Seu futuro. Jamais será como era antigamente. Esse porvir é baseado em expectativas. Elas, por seu turno, orientam as operações realizadas no presente. Com isso, há que se compreender que o Junho de 2013 é, ao mesmo tempo, uma operação realizada no presente e um futuro de uma operação realizada no passado (CF/88). Desse modo, ele aponta tanto para uma complexidade de possibilidades futuras quanto para um desvio da projeção das expectativas assumidas pelo texto constitucional.

5.2. O abandono do retemporalização da Constituição Federal de 1988 pelo rock brasileiro

Será por acaso que da lista dos 100 maiores discos da música pop brasileira elaborada pela versão brasileira da revista Rolling Stone (Rolling Stone Brasil, 2007), figurem apenas dois discos de rock brasileiro produzidos e lançados no terceiro milênio. E será coincidência que ambos tenham sido criados pela mesma banda (Los Hermanos)? E, mais, será uma conjunção astral o fato de que os dois álbuns citados (Bloco do Eu Sozinho e Ventura) não foram capazes de antecipar futuro em relação às expectativas normativas lançadas pela sociedade brasileiro no Junho de 2013 (item a seguir)?

Uma observação da lista das 100 músicas mais executadas pelas diferentes formas de mídias existentes nos anos de 2010, 2011 e 2012, a década na qual se insere o Junho de 2013 e também o julgamento do Mensalão (Falcão, 2013) pelo STF, vai demonstrar, efetivamente, o abandono do requestionamento da CF/88 pelo rock brasileiro e a perda de vinculação à sua programação originária (democrática).

Em 2010, a lista das músicas mais executadas Brasil afora *continha nove músicas rock*. A saber: NX Zero ("Só Rezo" – 2ª posição, "Espero a Minha Vez" – 22º posição), Charlie Brown Jr. ("Só os Loucos Sabem" – 17º lugar), Restart ("Pra Você se Lembrar" – 45ª posição, "Levo Comigo" – 46ª posição e "Recomeçar" – 78ª posição), Fresno ("Deixa o Tempo" – 63º lugar), Detonautas ("Só Nós Dois" – 89ª posição) e Capital Inicial ("Vivendo e Aprendendo" – 95º lugar).

No ano seguinte, em 2011, a mesma lista mencionada tinha *seis músicas* de caráter rock. Eram elas: NX Zero ("Não é Normal" – 46ª posição, "Onde Você Estiver" – 48ª posição), Restart ("Pra Você lembrar" – 49º lugar), Fresno ("Eu Sei" – 57ª posição), Charlie Brown Jr. ("Céu Azul" – 70º lugar), CPM 22 ("Vida ou Morte" – 76ª posição),

Já em de 2012 (*HotBrasil 100*, 2013), por exemplo, somente *quatro músicas de rock* eram encontradas na lista em tela. Os artistas eram: NX Zero ("Não É Normal" – 50ª posição e "Maré" – 61ª posição), Charlie Brown Jr. ("Céu Azul" – 80º lugar) e Strike ("Fluxo Perfeito" – 94ª posição).

A constatação que salta aos olhos é o fato de que são, em termos numéricos, poucas bandas e/ou artistas de rock. Há pouca diversidade, e, inclusive, um sobrevivente do BRock (Capital Inicial). Tanto quanto no rock brasileiro da década de 1980 é fato que existe um leque muito maior do que essas bandas para representar o rock no Brasil da década 10 do terceiro milênio.

Seguindo, todavia, o raciocínio estabelecido para analisar o BRock, o impacto, a comunicação musical expelida (abertura cognitiva) pelo sistema da arte como ambiente dos demais subsistemas sociais é o relevante para os objetivos do presente livro. Nesse sentido, a partir da lista em apreço (HotBrasil 100, 2013), podem-se analisar as letras dos discos das seguintes bandas de rock brasileiro da década atual para verificar se esse mesmo rock espelha alguma expectativa normativa (Junho de 2013 – item 5.3) da sociedade brasileira: NX Zero, Restart, Fresno, CPM 22 e Strike.[7]

5.2.1. O que o rock brasileiro da segunda década do terceiro milênio comunica?

Seguindo a linha estabelecida por este livro, importa saber o que o rock brasileiro da segunda década do terceiro milênio comunica

---

[7] Charlie Brown Jr. e Detonautas não foram incluídos porque não lançaram álbuns a partir de 2010. O Capital Iniciou foi excluído porque se trata de uma banda BRock.

para aferir se ele é (foi) capaz de antecipar expectativas normativas da sociedade brasileira, ou, ainda, se ela, a comunicação musical, foi ambiente para os demais subsistemas sociais. No caso, o político e o jurídico, visto que a Constituição é, consoante já referido, o acoplamento estrutural entre ambos.

A função do sistema da arte (rock), nesse ponto,é o de experimentar e desenvolver formas de comunicação dirigidas a uma percepção. Em 1988, a percepção era por democracia, e a arte (BRock) cumpria o papel de levar aos sistemas de consciência (pessoas) aquilo que era improvável de ser comunicado. O movimento paradoxal consiste em reintroduzir na arte a diferença entre a comunicação e o que foi percebido por tal comunicação. É justamente aí que o rock brasileiro da segunda década do terceiro milênio acaba por falhar.

Nesse sentido, a temática mais recorrente do rock mencionado diz respeito ao *amor e aos relacionamentos pessoais*. Todas as bandas analisadas possuem letras nesse sentido. A respeito: (a) essa abordagem compõe grande parte – quando não a quase totalidade (Restart) – dos álbuns dessas bandas e (b) demonstram um quadro em que as expectativas normativas em relação à Constituição não são importantes, até mesmo porque, de acordo com a música Quando eu Crescer, do Fresno (2010), "eu sou o que eu queria ser quando eu crescer."

Nessa esteira, vejam-se, na sequência, de uma forma exemplificativa, alguns versos das músicas "Nosso Rock" (Restart, 2011), "Fluxo Perfeito" (Strike, 2012), "Na Medida Certa" (CPM22, 2011), "Diga (Parte 2)" (Fresno, 2012) e a "Melhor Parte de Mim (Zero, 2011)", esta última do NX Zero:

> Eu conheci uma menina diferente
> Me apaixonei e foi assim tão de repente
> Nunca pensei que pudesse gostar
> De uma garota que só sabe me esnobar
>
> Não te ver é me encontrar imerso nesse mar de fel
> Vou te levar pro céu, já que os opostos se atraem.
> E quando o fluxo é perfeito e vai girando feito carrossel
> Se eu te levar pro céu, a noite não acaba mais
>
> À noite sonhei
> Com a nossa vida
> Com o futuro
> Com nossa família

> À noite sonhei
> Com uma nova vida
> Cumplicidade
> Conforto e harmonia
>
> Tira a maquiagem pra que eu possa ver
> Aquilo que você se esforça pra esconder
> Agora somos só nós dois
> Já podes parar de fingir
>
> Pois agora sei
> Que quando acabar você vai estar aqui
> Eu posso ver, posso sentir
> Quando tudo acabar será você e eu
> Mais uma vez, posso sentir
> A melhor parte de mim
> A melhor parte de mim

Um outro assunto que aparece com grande frequência em tais artistas é o da *superação pessoal frente a adversidades*. Uma espécie de autoajuda, de reforço do sentido de que é preciso seguir em frente. Sempre. Custe o que custar. Mas sem questionar. Sem clamar por mudanças. Apenas resistir sem qualquer requestionamento. Novamente como exemplo, observe-se, em seguida e de forma sequencial, trechos das letras das seguintes músicas: "Hoje o Céu Abril" (Zero, 2012), "Cativeiro" (Fresno, 2012) e "Revanche" (Fresno, 2012):

> Tenho que ser guerreiro todo dia
> porque senão com o tempo a onda passa, e te leva
> Eu tô de pé, eu tô aqui, eu tenho fé,
> Eu sei que o que é meu já tá escrito
> E ninguém pode apagar
>
> E eu sei (sei) ninguém vai me salvar
> Nem vai fechar as feridas
> Pra privar nossa vida
> De sofrer, crescer
> E ter o que cantar
>
> Você achou que eu tinha desistido
> Não estou morto, apenas fui ferido
> E, eu sei (eu sei que o tempo acabou)

Também com bastante frequência, o assunto dos *costumes sociais* são bastante abordados pelas bandas analisadas. São críticas ao consumismo e ao modo de se portar perante a vida da juventude atual. Sob as lentes dos artistas em comento, o sucesso, atualmente, é estar ligado, de qualquer maneira, a algum tipo de mídia. "Abominável" (CPM22, 2011):

> Abominável
> O mago da caverna
> Mas ele sonhou em ser artista de novela
> Desonrado
> Seu jogo não tem regras
> Com certeza não quero vê-lo na minha festa

A *religião*, por seu turno, ao contrário do que os Titãs defendiam (1986), é visto como um valor positivo. Nesse sentido, inclusive a banda mais politizada dentre as analisadas, o CPM 22, na música "Filme que eu Nunca Vi" (CPM22, 2011), defende que deixar de rezar é algo que deve ser encarado negativamente:

> Às vezes eu esqueço de rezar,
> E isso não é um bom sinal.
> Às vezes eu percebo que,
> O mundo está cada vez mais banal.

Da mesma maneira, o Strike (2010), diz que não se pode perder, nunca, a fé, mesmo perante as grandes possibilidades que a vida de famosos poderia lhes oferecer:

> Se me trouxeram carro, dinheiro, droga e mulher
> Meu escudo poder minha fé
> Mente na lua, pé no chão

De fato, percebe-se que a característica maior do rock brasileiro da segunda década do terceiro milênio não está (pre)ocupada com expectativas normativas em relação à CF/88 e a concretização, no presente, do futuro que ela prometeu. Como não existe mais uma urgência por mudanças e como se verifica uma certa satisfação com o estado atual das coisas, a construção de um novo futuro não é uma urgência.

Em algumas comunicações, há, inclusive, uma defesa do país. Um apego à nação. Uma questão de permanência, ao contrário do início do BRock, em que o aeroporto parecia ser a única solução para as mudanças do país. É o que o CPM22 canta em "Março 76" (CPM22, 2011), inclusive narrando que o personagem da música nasceu durante a ditadura:

> Sobrevivi, rompi barreiras, eu venci
> E todos sabem como é viver aqui no Brasil
> Mas com certeza meu lugar é aqui
> Onde eu nasci

Na mesma linha de raciocínio, o Strike, na música "Fora da Lei" (2012), preocupa-se mais em fazer com que a lei seja cumprida – talvez uma das grandes expectativas normativas da sociedade brasileira contemporânea – do que propriamente reforçar o Estado Democrático de Direito. Ao contrário. A defesa é pelo Estado de Direito:

> Fora da lei, vai morrer na praia
> Fora da lei, aqui se faz aqui se paga
> Ninguém é santo nessa babilônia from hell
> E eu sei quem não vai pro céu

No entanto, algumas *expectativas normativas* são abordadas. Uma delas, que não se pode negar, fez parte do Junho de 2013 no Brasil, é a *descrença na mídia* e o uso crescente de redes sociais para divulgar fatos sem que eles, conforme denuncia o Fresno (2012), em "Sujetska", passem pelos filtros da mídia tradicional – construtora de uma realidade de acordo com sua observação (Luhmann, 2005, p. 129-144). No texto da música lê-se: "Mas saiba que teu olho me emburrece mais do que as mentiras que eu li nos jornais".

A *realidade social brasileira* também é narrada em algumas poucas músicas desses artistas. O NX Zero, por exemplo, faz essa descrição em uma música cujo trecho contestador é cantado pelo rapper Emicida. Quem é o subversivo é, portanto, o rap, incluído no rock. Eis o trecho de "Só Rezo 0.2" (Zero, 2011) cantado por Emicida:

> No chão tipo cão vadio, coração vazio
> E são, crença e contradição
> O suor de quem levanta cedo e vai
> A cor de quem te causa medo demais
> Violento como o nascer do sol de agora
> Perdido como a bala que vara a sala e piora tudo
> Cai o mundo finda o bem, louco né?
> Aí quem vive no inferno reza pra quem?

O CPM 22, em "Sofridos e Excluídos" (CPM22, 2011), traça uma narrativa do cotidiano daqueles considerados excluídos pelo sistema:

> Nosso sistema funciona de um jeito
> Que os mais sofridos
> São sempre excluídos
> No poder
> Abandonados

Ainda, o *posicionamento contra a existência de guerras*, uma das comunicações típicas do rock (item 4.2), também é comunicado da seguinte maneiro pelo NX Zero (2012) e pelo Fresno (2012) nas músicas "Guerra por Paz" e "Homem ao Mar", respectivamente:

> Cada um chama Deus de um nome
> Sendo que pra Ele somos todos iguais,
> Sei que uma hora tudo pode mudar
> Pode ser até um sonho distante,
> Mas não é impossível
> E pensar que o poder tá na mão de poucos
> E eles não fazem nada
> Pensando bem quando crescer não quero o que eles têm na TV
> Só quero ser feliz
> Está em todos os jornais:
> Mais uma guerra começou!
> Um lado finge pedir paz,
> e o outro nunca escutou

A partir das letras coletadas, impõe-se concluir que a comunicação musical dessas bandas não estão conectadas, em sua imensa maioria, com um código subversivo/não subversivo e nem com a programação democrática do rock. O amor e os relacionamentos pessoais são seu traço mais característico, deixando-se de diferenciar, assim, de outros gêneros musicais tais como o pagode, o samba, o sertanejo e a MPB. Isso pode explicar um pouco o motivo de esses artistas não serem o carro-chefe de vendas e de comunicação por mudanças (espaço, hoje, do rap) no Brasil.

De outro lado, como se demonstrou, essas bandas estão longe de produzirem uma comunicação musical que perturbe o ambiente dos demais subsistemas sociais (político e jurídico em especial). Ademais, são poucas as músicas e os artistas rock, em termos de quantidade. E, como já dito, essas músicas não são subversivas. Ao contrário. Reforçam o estado atual do ambiente dos demais subsistemas sociais brasileiros. Elas não estão direcionadas para a perturbação e sim para a estabilidade. Nesse sentido, elas não traziam quase nenhum dos questionamentos do Junho de 2013 (item a seguir), o segundo grande movimento social brasileiro pós CF/88 (o primeiro foi o pedido de *impeachment* do primeiro presidente civil eleito de forma direta no país depois da ditadura militar: Fernando Collor de Mello).

Utilizando um dos lemas da juventude – e da população – brasileiras que foram às ruas do país em Junho de 2013 clamar por mudanças (item 5.3), o rock não os representa, uma diferencia crucial com relação ao BRock, altamente identificado com os anseios da juventude oitentista brasileira. Esse é um dos aspectos do abandono do requestionamento: o risco da discronia (Ost, 1999, p. 37). O rock brasileiro não foi o *médium* das expectativas normativas do Junho de 2013, a imensa maioria delas ligadas a uma retemporalização da CF/88 como se verá a seguir.

5.3. O junho de 2013 antecipou o futuro sem o rock

Seguindo De Giorgi (1998, p. 50), recorde-se de que o sistema social (Direito e Política incluídos) atua sempre no presente porque ali se realiza a decisão. E há, pois, vários presentes. Eles são conectados. Dessa forma, há futuros contingentes. Inexiste um futuro apenas para a democracia. Esse futuro se realizou? A CF/88 se traduziu na forma democrática que ela pretendia ser no ano de 2013? O BRock conseguiu, de fato, construir o futuro?

O BRock entrou em declínio por várias razões. Uma das coincidências é a de que, após o esvaimento da comunicação musical que tal movimento trouxe a respeito das expectativas normativas da sociedade brasileira, o rock brasileiro perdeu, com algumas exceções (Planet Hemp), sua vertente subversiva.

Nesse sentido, a comunicação musical do rock no fim dos anos 80 (pós-CF/88) deixou de se diferenciar e passou a ser apenas uma maneira de perpetrar o rock. Como lembra Nelson Motta, citado por Piccoli (2008, p. 115): "o rock deu uma esfriada no final de 1980, em parte por saturação, porque tudo virou rock. Era o que vendia na época".

É perceptível, portanto, que o rock brasileiro da segunda década do terceiro milênio está bastante distanciado daquilo que o Junho de 2013, o grande movimento social brasileiro da contemporaneidade, buscou. Ao se comparar aquilo que tais bandas comunicam (item 5.2.1.) com o que se pediu nas ruas brasileiras, pode-se verificar um descompasso temático e temporal bastante grande. *O rock não antecipou o Junho de 2013 e, por isso, nenhuma música desse gênero foi ouvida sendo entoada pelos manifestantes.*

As manifestações sociais no Brasil iniciaram, de fato, no ano de 2012, em Natal, no Estado do Rio Grande do Norte. A partir do aumento das passagens do transporte público urbano naquela cidade, a população se manifestou no mês de agosto e, ao final, conseguiu a reversão do acréscimo de R$0,20 no valor instituído. Em maio de 2013, as tarifas foram reajustadas novamente. E, ainda, no mês de maio de 2013, movimento semelhante ocorreu na cidade de Porto Alegre (Rio

Grande do Sul), por razões e por valores semelhantes. Os resultados foram idênticos aos da capital nordestina. Pelas mesmas razões, também no mês de maio, houve manifestações na cidade de Goiânia.

Os protestos efetivos, todavia, de uma maneira sequenciada, iniciaram em junho de 2013. Em 07 e em 13 de junho, mais de 5.000 pessoas se encontraram na cidade de São Paulo para reivindicar o passe livre nos transportes públicos urbanos. Em seguida, capitais de vários estados registraram manifestações sociais. São elas: Rio de Janeiro, Maceió, Porto Alegre e Goiânia. Sob o pano de fundo dos reajustes do transporte público urbano, os manifestantes trouxeram várias outras pautas, todas elas relacionadas a problemas sociais brasileiros e a inconformidades com relação à atuação dos representantes eleitos pela população.

Em Brasília, capital do país, em 13 de junho, manifestantes protestaram pelos gastos com a reforma do Estádio Mané Garrincha, reformado a um custo de R$1,78 bilhão para sediar apenas alguns jogos da Copa do Mundo. Frise-se que a cidade não possui nenhum time de expressão no cenário regional e é inexpressiva, sob o ponto de vista futebolístico, no cenário nacional.

Na cidade de Belo Horizonte (Minas Gerais), nos dias 13, 17 e 26 de junho, todos eles com jogos agendados pela Copa das Confederações, manifestantes rumaram para o estádio Mineirão a fim de demonstrar sua insatisfação com o gasto público realizado para as reformas do ambiente citado. Nesse caso, todavia, impõe-se registrar que a cidade abriga dois clubes (Cruzeiro e Atlético) de grande expressão no futebol brasileiro.

Em 17 de junho, também dia de jogo pela Copa das Confederações, as manifestações, agora já difusas em seus objetivos, tornaram-se massivas. Foram mais de 100.000 pessoas no Rio de Janeiro, número bastante semelhante ao de São Paulo. Em Belo Horizonte, verificou-se que 30.000 pessoas foram para as ruas. Em Brasília, os ativistas, em um ato altamente simbólico, ocuparam o Congresso Nacional, subindo suas rampas e acessos, ocupando-o por um determinado tempo. Em Porto Alegre, 20.000 pessoas estavam protestando, número semelhante ao de Fortaleza. Em comum a todas as manifestações, há a enérgica repressão policial, com o uso de bombas de gás lacrimogêneo e da força e a prática do vandalismo por pequena parte dos manifestantes.

Já em 20 de junho, novamente em Brasília, cerca de 35.000 pessoas dirigiram-se às passeatas. A demonstrar a força dos movimentos, a cidade de Natal registrou 15.000 participantes. Protestos se seguiram em várias outras cidades. A marca do dia foi a violência. Em Bauru, cidade do interior de São Paulo, um motorista atropelou várias pessoas e matou um manifestante. Choques entre a polícia e os integrantes das manifestações ocorreram em quase todos os municípios.

No dia 25 de junho, 125.000 pessoas se reuniram em Belo Horizonte, número superior ao do Rio de Janeiro e ao de São Paulo. A maioria das demais capitais de estados também tiveram, em larga escala, suas manifestações, ocorridas em 29 de junho.

A ligação entre as insatisfações sociais e o futebol restou evidente. Os dias das manifestações coincidiram – e não por acaso –, em sua maioria, com os jogos da Copa das Confederações. Foi uma questão de visibilidade. O Brasil já organizou vários eventos de futebol, inclusive uma Copa do Mundo no ano de 1950. Entretanto, jamais a grande paixão dos brasileiros foi utilizada pela sociedade a fim de exigir mudanças.

Dessa forma, os movimentos sociais do junho de 2013 no Brasil foram inovadores e fazem parte de uma nova tendência mundial (Castells, 2012). Contudo, constituem-se numa unidade distintiva deles. Podem ser entendidos como uma espécie de seleção comunicativa tardia em relação aos Indignados, ao Ocuppy Wall Street, à Primavera Árabe, entre outros. Pertencem a um sistema social global desdiferenciado (Luhmann, 1997), baseado na distinção centro/periferia. Por isso mesmo, possuem uma lógica diversa daquelas observadas nos movimentos de 2011 e de 2012 e produzem uma comunicação para os subsistemas políticos e jurídicos que merece ser mais bem compreendida.

Como bem aponta Nafarrate (2004, p. 311), os movimentos de protestos sociais, tais como os de Junho de 2013, não são testemunhas de uma interação e tampouco um tipo de organização em que existam associados. Eles definem seus limites indicando seus interesses e levando-os ao público como protesto. Suas indeterminações são compensadas pelas exortações. Ademais, em alguns casos, podem até registrar auto-organização. Mas isso não é importante no nível da autodescrição. Em seu interior, percebem-se como ausentes de organização e de identidade. Como diziam os cartazes dos manifestantes: " Ninguém nos representa". "Abaixo os partidos'.

Contudo, uma síntese das comunicações produzidas pode ser aglutinada em torno de alguns temas repetidos com maior frequência. Há de se lembrar, todavia, de uma infinidade de reivindicações também debatidas como o respeito aos direitos humanos e aos direitos civis. As frases a seguir foram retiradas de cartazes de manifestantes nas cidades brasileiras e agrupadas em consonância com a Pesquisa Data Folha (Anon., 2013). Trazem bons indícios para se auferir o que o Junho de 2013 tentou comunicar.

5.3.1. Abaixo toda repressão – reforma política

A sensação forte de que ninguém representa os brasileiros, em especial os políticos, foi uma constante no Junho de 2013. Daí a reação das massas ao verem os partidos com bandeiras nas manifestações: "Abaixa". "Oportunistas". Tais gritos eram repetidos até que os partidos se retirassem das manifestações. Uma clara demonstração de que a democracia representativa estampada no art. 1º, parágrafo único, da Constituição Federal (1988), cujo teor revela que todo o poder deve ser exercido em nome do povo, não é suficiente para a realidade brasileira (Schwartz, 2003).

Nesse caso, em específico, importa gizar que a Constituição Brasileira (1988) já possui mecanismos de democracia participativa, tais como os plebiscitos, os referendos, a possibilidade de participação nos Conselhos Municipais de Saúde, entre outros. São pouco usados, todavia. A forma de legitimação política assumida pelos brasileiros não reside no contato com seus eleitos. Ela se expira no voto que, aliás, é direto, secreto e universal, em conformidade com o estatuído na Constituição Federal (1988), inclusive como cláusula pétrea, isto é, inatingível por meio de emenda à Constituição.

Na esteira de Arnaud (2007), pode-se afirmar que um dos grandes desejos da população reside no fato de que se pede por maior possibilidade de participação nos processos decisórios. Antes de uma lógica *top down* na criação de regras que influenciem os subsistemas sociais, a lógica dos não linear dos novos movimentos sociais (Castells, 2012) clama por um direito vocacionado para a construção *bottom up* de suas estruturas e de sua normatividade. Um direito negociado e com a pluralidade de espaços compartilhados entre os representantes do povo e o povo.

5.3.2. Educação padrão FIFA

Os cartazes dos participantes das manifestações do Junho de 2013 traziam uma claríssima referência ao futebol. O desejo pelo padrão FIFA reflete que o luxo dos novos estádios deveria ser aplicado, também, ao sistema educativo brasileiro. Os dados da OECD (Anon., 2012) – Organização for Economic Cooperation and Development – refletem com acuidade a situação da educação no Brasil.

Kubacka (2012, p. 1) assevera que, de 2000 a 2009, o Brasil possui um dos maiores investimentos mundiais em relação à educação. Os índices eram de 10,5 % do orçamento em 2000 e de 16,8%, em 2009. Nesse ponto, o dado mostra-se revelador: o país é o quarto no *ranking* em termos de percentagem do orçamento direcionada à educação. Infelizmente, essa posição não é diretamente proporcional quando se verificam os demais dados. Nesse sentido, o percentual em relação ao que o governo brasileiro investe na área quando comparado ao seu PIB ainda resta muito abaixo do que é aplicado pelos demais países componentes do *ranking*. Mesmo assim, um em cada cinco brasileiros na faixa de 15-29 ou está fora do sistema educativo ou está desempregado.

Seguindo, a autora (Kubacka, 2012, p. 2) revela que o Brasil teve um decréscimo de 5% em sua população estudantil. Na área do ensino superior, mesmo com os enormes investimentos feitos, o decréscimo é de dois por cento e é por isso que, nesse aspecto, o Brasil ocupa a posição de número 23 de 29 países que disponibilizaram seus dados para essa pergunta.

No que diz respeito aos gastos em relação ao PIB, o Brasil destina 5,5% para a educação (Kubacka, 2012, p. 3) quando a média dos países avaliados é de 6,23%. Desses percentuais, o país destina 4,23% para a educação primária e secundária, mais do que a média dos outros países (4%). Para o ensino superior são destinados 0,8%, muito abaixo do que os outros países destinam para esse segmento. E apenas 0,04% são alocados para a pesquisa, o menor valor entre todas as nações que disponibilizaram os dados para esse quesito (36ª posição de 36 países).

O *ranking* (Kubacka, 2012, p. 7) ainda demonstra que o Brasil possui um índice percentual bastante baixo de sua população com, no mínimo, a educação secundária completa (32ª posição de 36 países) e com o ensino superior finalizado (38ª posição de 41 países).

Não é de surpreender, portanto, que a população tenha escolhido a educação como um de seus paradigmas no Junho de 2013. Percebe-se que o aumento do investimento governamental não significa um serviço público de qualidade como as novas arenas construídas para a Copa das Confederações.

5.3.3. Não à PEC 37

O Projeto de Emenda à Constituição de número 37 (PEC 37) foi proposto em 08 de junho de 2011 pelo deputado federal Lourival Mendes, pertencente ao Partido dos Trabalhadores, o mesmo da atual Presidenta Dilma Roussef. Ele pretendia inserir o parágrafo 10 no artigo 144 da Constituição Federal de 1988. Seu texto era o seguinte:

Art. 144...

A apuração das infrações penais de que tratam os parágrafos 1º e 4º deste artigo, incubem privativamente às polícias civis dos Estados e dos Distrito Federal, respectivamente.

Os parágrafos citados na proposta da emenda, atualmente, definem sua competência investigatória. A novidade do texto modificativo da Lei Fundamental diz respeito ao termo "privativamente", o que significa, no Brasil, que ela não pode ser delegada e/ou mitigada com outro órgão.

Uma vez que a Polícia Federal resta diretamente afeita à Presidência da República por intermédio do Ministério da Justiça, em consonância com o artigo 85 da Constituição Federal (1988), a interpretação social a respeito da proposta estava baseada no fato de que pudesse haver injunções políticas na resolução de crimes de esfera federal, em especial aqueles praticados por figuras do legislativo e do executivo em nível federal. Daí, que a conexão com a probabilidade de proteção de pessoas da base aliada, inclusive os processados no Mensalão, foi um dos pontos alvos das manifestações sociais.

Nessa linha, o texto que motivava a Proposta de Emenda Constitucional 37 referia que a inexistência de regras claras a respeito das competências de investigação levava a uma morosidade e a uma falta de eficiência da resolução de casos por meio da polícia, pois os inquéritos eram questionados no Poder Judiciário e, muitas vezes, anulados por vícios formais.

De fato, o que as manifestações sociais leram era que a PEC 37, muito embora não fizesse isso, amarrava as competências investigativas do Ministério Público. Como se percebe, o texto não abarcava tal hipótese, até mesmo porque não foi reservado ao Ministério Público, pela Constituição Federal (1988), o papel de protagonismo na investigação criminal. É a autoridade policial a verdadeira titular da investigação preliminar (Lopes Jr., 2007, p. 233).

Mesmo sendo, portanto, um falso problema, o rechaço à PEC 37 revelou-se numa das forças motoras do Junho de 2013. O pano de fundo do senso comum teórico (Warat, 1995) era o de que o Poder Executivo e o Poder Legislativo estavam desejando retirar a independência funcional do Ministério Público com o intuito de obscurecer eventuais atos de corrupção.

5.3.4. Se o transporte é público, por que eu pago? Se eu pago, por que é ruim?

A origem dos Movimentos se deve ao aumento que os poderes públicos destinaram às passagens dos transportes públicos. Feitos quase sempre em janeiro e fevereiro, época em que estudantes e sociedade civil estão em férias e, portanto, menos organizados, contaram com escassa audiência da comunidade interessada.

Uma grande parte das manifestações era no sentido do estabelecimento do passe livre em transportes públicos para estudantes; outra, fluía no sentido de que o preço era demasiado para um serviço prestado com más condições. Ônibus lotados e atrasados, escasso sistema de metrô, entre outros, eram motivos que se coadunavam para que os reclames se tornassem ainda mais veementes nesse quesito.

No caso da cidade de Porto Alegre, o aumento elevou o preço das passagens de ônibus urbano para R$ 3,05 (U$ 1,50). O preço anterior, de R$ 2,85 (U$ 1,42), já era considerado alto em face de uma prestação de serviço marcada por superlotação, ausência de regularidade e parca segurança.

Por intermédio de uma ação judicial, foi possível rever os dados das planilhas que embasavam a necessidade do aumento e, em uma decisão liminar, o valor de R$ 2,85 foi mantido. Percebeu-se, com isso, a partir do exemplo de Porto Alegre, que a manifestação nas ruas surtia efeitos no sistema político e no sistema jurídico. Na linguagem dos manifestantes, quando se referiam ao Brasil: "O Gigante acordou". As movimentações sociais, a partir daí, tornaram-se mais frequentes.

5.3.5. "Nas favelas, no Senado, sujeira para todo lado. Ninguém respeita a Constituição mas todos acreditam no futuro da Nação. Que País é Este?"

O trecho citado vem de uma música da extinta banda de rock brasileira Legião Urbana, lançada no disco denominado "Que País é Este?", no ano de 1988. Escrita por seu líder e vocalista Renato Russo

(Urbana, 1987), foi originariamente criada antes do período democrático brasileiro e utilizada pelos manifestantes que pediram o *impeachment* do ex-presidente Fernando Collor de Mello, por prática de atos de corrupção, o que, ao final, ocorreu.

Nesse sentido, surpreende que ela tenha sido novamente utilizada no Junho de 2013. O Brasil está no meio de um escândalo de corrupção denominado de Mensalão (Falcão, 2013), Julgados pelo Supremo Tribunal Federal, ex-membros do Partido que ora ocupa a Presidência (Dilma Roussef, a primeira mulher a ocupar o cargo na país) em coalização majoritária com vários partidos, ainda estão em liberdade, aguardando resultado de recurso interposto pelas partes.

Pelo fato de o Partido dos Trabalhadores ocupar o imaginário dos brasileiros como uma "nova política" e utilizar-se de mecanismos da política tradicional brasileira (corrupção), retirou do povo a esperança (Castells, 2012), que agora ele pretende resgatar. Isso tudo somado aos gastos exorbitantes para sediar a Copa do Mundo, aliado a serviços públicos de baixa qualidade, gerou um quadro de insatisfação com os quadros políticos que podem ser mensurados pelos rankings que medem a corrupção no Brasil.

A propósito, o Global Corruption Parameter (Anon., 2013) traz alguns dados bastante interessantes, colocando o Brasil na posição de número 69 no ranking da percepção da corrupção no mundo:

a) de 2011 a 2013, os brasileiros pensam que a diminuição da corrupção foi ínfima;

b) 81% dos brasileiros acreditam que os partidos políticos são afetados por corrupção;

c) 72% dos brasileiros constatam existir corrupção no poder legislativo brasileiro;

d) a instituição com menor sentimento de corrupção perante os brasileiros é o exército (30%);

e) 50% dos brasileiros pensam que o Poder Judiciário possui algum nível de corrupção;

f) 70% dos brasileiros dizem que a polícia é corrupta.

O Brasil não é um país pobre. A corrupção é, para os brasileiros, um dos grandes problemas para a efetivação de seus direitos e para a realização da promessa constitucional da construção de uma sociedade justa, fraterna e solidária. Um dos lemas dos manifestantes era bastante claro. Referia-se ao aumento de 0,20 centavos de real nos preços das passagens de ônibus nos transportes públicos. Os cartazes diziam:

"Não são os vinte centavos!". A corrupção é o décimo segundo camelo (Luhmann, 2004, p. 233), o ponto invisível, aquilo que não é visto mas é sabido e se torna a condição necessária para a compreensão das manifestações sociais do Junho de 2013.

5.3.6. Hospital padrão FIFA

"Hospital Padrão FIFA" constituiu outra alusão ao futebol e às exigências da FIFA para a realização da Copa do Mundo de 2014 no Brasil. A saúde pública brasileira é outro dos alvos dos manifestantes. O Sistema Único de Saúde (SUS), implantado pela Constituição Federal de 1988, foi criado com alto simbolismo. Em uma sociedade que recém saíra de um regime ditatorial, a saúde passou a ser direito de todos e dever do Estado. Esse era o texto inovador da Constituição Federal (1988), em seu artigo 196.

Nesse sentido, no ano de 2000, a OMS elaborou um *ranking* da saúde pública em nível mundial. De 191 países, o Brasil conseguiu o posto de número 125 (Schwartz, 2001, p. 45). Muito embora tenha havido, nesse setor, avanços consideráveis, persistem, ainda, no Brasil, vários problemas que já poderiam ter sido resolvidos, como, por exemplo, o caso da existência de doenças endêmicas e do alto índice de mortalidade infantil (2008).

Daí a judicialização da saúde e a assunção do Judiciário como o cumpridor das expectativas normativas sanitárias (Schwartz, 2004) (Schwartz, 2004). De acordo com dados do Conselho Nacional de Justiça (2011), cerca de 240.000 foram as ações com algum tipo de prestação sanitária, dever do Estado, ajuizadas no ano de 2011 no Brasil. Tais dados demonstram que a população se dirigiu ao Poder Judiciário como a salvaguarda de seu direito à saúde.

Como fetiche, o Poder Executivo passou, insistentemente, a utilizar a teoria da reserva do possível, assentada no fato de que os recursos são limitados e que, a partir deles, é necessário fazer o possível – mandatos de otimização (Sarlet, 2013) – para que a saúde seja efetivada em sua condição de integralidade prevista na Constituição Federal (1988) em seu artigo 198. Assim, algumas "escolhas trágicas" deveriam ser feitas em torno da saúde, e quase sempre a tragédia pende para o lado do cidadão – e nunca do Estado.

Um resumo do que os manifestantes defendiam, nesse ponto, pode ser compilado no seguinte raciocínio: o montante gasto em estádios (cerca de R$ 8 bilhões ou U$ 4 bilhões) deveria ser destinado para a saúde. Não se desejam filas e nem esperas intermináveis para exames, cenas que infelizmente ainda não deixaram de ser rotineiras no país. O direito à saúde que se deseja está conectado ao desejo democrático: "de todos, por todos e para todos".

5.3.7. Exigimos segurança padrão FIFA

Exigir segurança é mais uma correlação entre um direito social (art. 6°, CF/88) e as exigências da FIFA, outra conexão direta entre os sistemas políticos e os jurídicos mediante uma comunicação proveniente do futebol. Os manifestantes trouxeram à tona um dos grandes problemas brasileiros. A percepção sobre a violência que coloca o Brasil na posição de número 19 em um ranking sobre a violência como a causa de morte de sua população. A classificação, como se vê, não é compatível com o tamanho da economia brasileira e nem com as expectativas normativas do Estado Democrático de Direito brasileiro.

Demais disso, os dados do Fórum Nacional de Segurança Pública (2012) são eloquentes. No ano de 2010, os números absolutos são expressivos. Foram cometidos no território nacional (a) 43.684 homicídios dolosos, (b) 53.016 mortes por agressão, sendo que dessas 36.792 utilizaram armas de fogo e (c) mais de 100.000 crimes contra o patrimônio. Há no sistema carcerário 471.254 presos.

A mesma fonte revela (Fórum Nacional de Segurança Pública, 2012: 40), ainda, que, entre 2010 e 2011, a União aumentou em apenas 3,28% o nível de seus gastos com a segurança pública. O dado mais discrepante é que, no mesmo período, o investimento em informação e inteligência em segurança pública foi diminuído em 58,38%.

Leve-se em conta que os dados apresentados se referem às estatísticas oficiais, isto é, não considera a denominada cifra negra, ou seja, a criminalidade não registrada perante instituições do governo. Daí que, como alerta Costa (2011), a cultura do medo e sua sensação constante tornam-se figuras centrais da composição da sociedade brasileira que, cada vez mais, adota, em espaços públicos, opções privadas (Konzen, 2013, p. 26) – e cercadas – de moradia e de convivência.

Não pode ser tomado como algo inesperado, assim, o fato de que um dos temas centrais do Movimento pelo Passe Livre seja o da retomada dos espaços públicos, transformando-os em locais de convivência e de exercício de um direito de acesso à cidade. A própria tomada das ruas pelos manifestantes do Junho de 2013 é prova de tal reivindicação.

Desse modo, o Junho de 2013 é uma continuação, então, do período do BRock (1980-1989)? Não. Este restava ligado à transformação da sociedade em função de uma Constituição que não lhes representava e enquanto aquele buscava a confirmação do texto Constitucional, algo negado por representantes democraticamente eleitos que, no entanto, não representam as expectativas normativas da sociedade brasileira. E, mais, no primeiro, o papel do rock foi primordial; no segundo, irrelevante.

6. This is the end?

O título do que seriam as Considerações Finais vem de uma das músicas mais famosas da banda californiana de rock The Doors: "The End" (1967). Ela narra a desilusão da juventude idealista dos anos 60 do século com as guerras, com a política e com o fim de um sonho (a transformação do mundo). Terá o mesmo ocorrido em relação à juventude brasileira? De uma esperança no futuro descrito pela Constituição e antecipado para o BRock para um estado de prostração perante ao futuro constitucional não realizado, avisado pelo Junho de 2013 sem qualquer participação da música subversiva por excelência (o rock)?

O interessante é que um dos estopins do Junho de 2013 foi o precário serviço de transporte público prestado pelo Estado para a população brasileira. Promessa positivada na CF/88 (art. 6º), não encontrou qualquer comunicação a respeito nas bandas de rock da segunda década do terceiro milênio no Brasil. Contudo, já em 1987, na música "Ponto de Ônibus", o Ultraje a Rigor (1987) cantava o seguinte:

O motorista não foi nada educado,
Passou na poça e me deixou encharcado
Parou à frente, super-lotado
E o cobrador que nunca tem trocado

Quando eu tiver dinheiro,
Quando eu tiver dinheiro,
eu prometo a mim mesmo que
eu só vou andar de táxi

Uma das outras grandes facetas do Junho de 2013 foi a indignação dos manifestantes com a reação da polícia. As táticas militares, o uso da força e o discurso da manutenção do Poder pelo Poder lembrou em muito aquilo que os Titãs denunciavam na música "Polícia" (1986):

Dizem que ela existe pra ajudar
Dizem que ela existe pra proteger
Eu sei que ela pode te parar
Eu sei que ela pode te prender
Polícia! Para quem precisa!
Polícia! Para quem precisa de polícia!

Em cover de uma música de Sonny Curtis – "I Fought the Law" – feita pela banda punk inglesa The Clash, encontra-se a seguinte frase: "I fougth the law but Law won". Em outras palavras: o rock lutou contra e pela Lei, mas, ao final, o Direito venceu. O mesmo teria ocorrido no Junho de 2013? O Estado de Direito e as reações contra as manifestações com o pedido de reforço do Direito pelo Direito não representariam um retrocesso e um perigo ao Estado *Democrático* de Direito? E, ainda, qual o papel do rock nessa sanha reaquecida de manutenção do *status quo* em clara contradição com o mundo fático experimentado pelos brasileiros?

Adiantando: a falta de relevância do rock brasileiro atual, por não ser subversivo e por não estar ligado à defesa da democracia, mostra que, sim, infelizmente, O DIREITO VENCEU. (Millard, 2011, p. 200). Relembre-se de que a função dos mecanismos de acoplamento estrutural (Constituição) é o de *canalizar as irritações* provenientes do entorno dos subsistemas da Política e do Direito.

O rock é capaz de produzir tais perturbações a partir de dois aspectos: (a) enquanto discurso e (b) em relação à sua forma. A primeira está ligada aos aspectos comunicacionais da música rock (subversão); a segunda, por seu turno, à sua autorreferência. Esta diz respeito à clausura operativa e aquela, à abertura cognitiva. A unidade distintiva de tais características proporciona a produção de sentido típica do rock. Quando uma delas é perdida, sua função desaparece e ele deixa de produzir irritações para os demais subsistemas. Ele deixa de construir o futuro.

O fenômeno da temporalização, gize-se, resta ligado ao fato de que nem todas as comunicações são capazes de produzir modificação no interior dos demais sistemas. E aqui reside um dos pontos em que se apoia o argumento desta obra: o BRock, ao contrário do rock brasileiro da segunda década do terceiro milênio em relação ao Junho de 2013, representou uma espécie de comunicação (musical)

As razões dessa opção estão explicitadas na Introdução. Contudo, reaviva-se uma: quais eram as *expectativas normativas* da sociedade brasileira em relação ao sistema jurídico brasileiro nos anos oitenta e, em seguida, como tal sistema *selecionou* a *comunicação* musical produzida pelo BRock a partir de sua *abertura cognitiva* e de sua *clausura normativa*?

O BRock (sistema da arte) comunicou, antes, aquilo que a CF/88 incorporou depois. Esse fato ficou latente no item 3.3. da presente obra. De outro lado, o rock brasileiro da segunda década do terceiro milênio encontra-se em discronia absoluta com as expectativas normativas – retemporalização – em relação à CF/88.

Em outras palavras: o abandono de seu código (subversivo/não subversivo) fez com que o rock brasileiro da segunda década do terceiro milênio não fosse mais relevante socialmente porque sua comunicação musical não se diferencia das outras produzidas pelo sistema artístico e porque não perturba os demais subsistemas sociais.

Quando o rock não se encontra no mesmo tempo da sociedade, a retemporalização é prejudicada. No âmbito deste livro, portanto, quando o rock brasileiro da segunda década do terceiro milênio não antecipou o Junho de 2013, ele perdeu funcionalidade e relevância nessa mesma sociedade.

Refere Luhmann que "o artista só pode ser observado na medida em que introduz uma distinção na obra de arte" (2009, p. 173). Nesse sentido (Luhmann, 2000, p. 232), quando existe esse distanciamento entre o sistema da arte em relação à evolução da sociedade, a tendência é que o rock (arte) também não evolua. É o que ocorreu no Junho de 2013. Uma das causas da estagnação da comunicação do rock reside na destemporalização, ou seja, em sua discronia com os movimentos sociais contemporâneos, ao contrário do que ele sempre se propôs a fazer (ou antecipar) como é o caso do BRock e de vários outros momentos relatados no item 4.2.1.

Nessa linha de raciocínio, o porvir de uma nova democracia, transparente e compartilhada (Arnaud, 2003), baseada em uma lógica *bottom up* ao invés da prevalente concepção *top down*, também foi ouvida no Junho de 2013. E esse frenesi, esse sentimento de que um novo futuro era capaz de ser redesenhado, também otimizou os protestos e os movimentos sociais. Ora, se o Brasil é uma potência capaz de sediar uma Copa do Mundo com altos custos para a Nação, por que não seria possível acreditar que ele pudesse fazer o mesmo com comunicações jurídicas estabelecidas– e cantados pelo BRock – mas que ainda não corresponderam às expectativas normativas tanto da sociedade brasileira dos anos 80 quanto da do novo milênio? É o caso da saúde, da educação, da segurança, entre outros.

O acontecimento de uma nova concepção democrática comunicada pelo Junho de 2013, orientada mais pelo compartilhamento decisório do que pela representatividade (ninguém nos representa, diziam os manifestantes), possui perigos e possibilidades. O descortínio de um novo futuro é sempre incerto. Como a arte antecipa, ela auxilia a manutenção das expectativas (cognitivas e normativas) em um nível em que a sociedade consegue se reestabilizar.

Esse foi um dos papéis do BRock em sua temporalidade. Nessa mesma linha, quando o rock – ou a arte – não é capaz de antecipar um novo futuro, e quando não raras vezes pretende reeditar o passado no futuro (item 5.2.1.), ele não auxilia a descrição de do futuro. Assim, o risco se potencializa e a inquietude se torna por demais alta. Prejudica-se, desse modo, a futurização.

Dessa maneira, com De Giorgi (1998, p. 53), há de se entender que o problema da democracia é o da garantia do incremento da complexidade para que se consiga estabilizar a forma de diferenciação em condições de alta instabilidade estrutural (anos 80 e Junho de 2013 – Brasil). Há que se garantir mais democracia ao contrário de menos democracia, mesmo em momentos de rupturas.

É o caminho diverso em relação às reações de criminalização dos movimentos sociais brasileiros, a exemplo da Lei 6528 do Estado do Rio de Janeiro, que proíbe manifestantes de irem às ruas com máscaras, em flagrante inconstitucionalidade material ao direito de liberdade de expressão, ou, ainda, paradoxalmente, quando artistas da MPB outrora subversivos postulam pela censura de biografias não autorizadas pelos biografados – uma espécie de censura prévia que tantos combateram.

É preciso retemporalizar a Constituição Federal e não reeditar, no presente, o passado. Orientá-la para o futuro é a chave do problema e da prolongação temporal do desejo de que o passado (ditadura) não se repita no futuro. E tais decisões são tomadas, sempre, no presente. Elas não podem ser postergadas. Toda decisão contém risco. Como relembra Febbrajo (2013, p. 9), os mecanismos de acoplamento estrutural (Constituição) estão orientados ao gerenciamento dos riscos que cada lei produz. Assim, em um nível funcional, a Constituição estabiliza, a democracia permite variação social e o rock antecipa.

Conforme já referido, um acoplamento estrutural (Constituição) consiste num evento único. Assim como ele ocorre, desaparece no tempo. É um momento ínfimo, quase inexistente, propiciado por um conjunto raro de operações e de comunicações, tal como foi a redemocratização brasileira e tal como é o Junho de 2013. A diferença de um para outro é a existência de, no primeiro, da Constituição e a ausência de, no segundo, um acoplamento estrutural entre a vontade da população e a temporalização do texto constitucional (função originária dos Tribunais).

O problema ocorre quando o requestionamento da temporalidade do *Recht* deixa de ser realizado pelo *Unrecht* (rock, entre outros). De acordo com o defendido no item 5.1., o subsistema do Direito possui um modo de trato com a decepção que é diferenciado em relação aos demais subsistemas sociais. Ele necessita de sua abertura cognitiva. É no entorno que ele encontrará os elementos perturbadores de sua estabilidade. É ali que a Constituição deveria ter encontrado, por exemplo, o rock, no Junho de 2013.

Para reforçar a democracia, portanto, é imprescindível que comunicações democráticas (como o rock) se façam cada vez mais presentes, sob o risco de sobreposição de um código específico de determinado subsistema social (econômico) em relação ao Direito (Neves, 2007). Quando isso ocorre, há uma insuficiente diferenciação funcional, prejudicial ao sistema social como um todo, bloqueando-se as oportunidades de (re)construção do futuro e tornando a CF/88 um texto muito mais simbólico do que efetivo.

Como o rock de 2013 não se diferencia comunicacionalmente dos demais estilos musicais, perdeu a capacidade de antever o futuro e de auxiliar na retemporalização da CF/88. Discronia. Com isso, a diferença do BRock com relação a ele reside justamente no fato de que aquele se reafirmou como o rock enquanto o rock atual procura se reafirmar a partir da comunicação típica de outros estilos (pagode, axé, entre outros). Daí sua ausência de impacto no Junho de 2013, sua desconexão com as ruas brasileiras e com o pedido por mais Constituição (item 5.3).

7. Referências

Alexandre, R., 2002. *Dias de Luta. O Rock e o Brasil dos Anos 80..* São Paulo: DBA Dórea Books and Art.
Anon, 2008. *The World Health Report*, s.l.: Word Health Organization.
——, 2011. *Fórum do Judiciário para a Saúde,* Brasília: Conselho Nacional de Justiça.
——, 2012. Anuário Brasileiro de Segurança Pública, FBSP: São Paulo.
——, 2012. Education at a Glance 2012: OECD Indicators, s.l.: OECD Publishing.
——, 2012. Exame Nacional de Desempenho de Estudantes. Brasília: INEP.
——, 2012. *Fórum Nacional de Segurança Pública.* [*Online*]. Disponível em: <http://www2.forum-seguranca.org.br> Acesso em 16 Out. 2013.
——, 2013. *Global Corruption Parameter. "Brazil".* [*Online*] Disponível em: <http://www.transparency.org/gcb2013/country/?country=brazil>. Acesso em 09 Jul. 2013.
——, 2013. *Pesquisa Data Folha.* [*Online*] Disponível em: <http://g1.globo.com/fantastico/noticia/2013/06/pesquisa-aponta-que-popularidade-de-dilma-roussef-caiu-27-pontos.html>. Acesso em 06 Jul. 2013].
Araújo, C., 2013. O Processo Constituinte Brasileiro, a Transição e o Poder Constituinte. *Lua Nova*, Volume 88, p. 327-380.
Arnaud, A.-J., 2003. Critique de ka Raison Juridique 2. Gouvernants Sans Frontières. Entre Mondialisation et Post-Mondialisation. Paris: L.G.D.J,.
——, 2007. Governar sem Fronteiras. Entre Globalização e Pós-Globalização. Rio de Janeiro: Lumen Juris.
——. & Fariñas Dulce, J., 2000. *Introdução à Análise Sociológica dos Sistemas Jurídicos.* Rio de Janeiro: Renovar.
Arns, P. E., 1996. Brasil – Nunca Mais. Um Relato para a História. São Paulo: Vozes.
Bagenstos, S. R., 2005. The Promise Was Broken: Law as a Negative Force in Bruce Springsteen's Music. *Widener Law Journal*, Volume 14, p. 837-845.
Balkin, J. & Levinson, S., 1999. Interpreting Law and Music: notes on the "Banjo Serenader" and "The Lying Crowd of Jews". *Faculty Scholarship Series*, p. 1-56.
Barreiros, C. R. D., 2006. A Hora e a Vez do Rock Brasileiro. *Cadernos de Pós-Graduação em Letras*, Volume 6, p. 1-10.
Bayton, M., 1993. Feminist Musical Practice: Problems and Contradictions. In: *Rock and Popular Music. Politics. Policies. Institutions..* London and New York: Routledge, p. 177-192.
Bazemore, G., 2000. Rock And Roll, Restorative Justice, and the Continuum of the Real Word: a response to "purism" in operationalizing restorative justice. *Contemporary Justice Review*, Volume 3 (4), p. 459-477.
Beauvais, P., 2011. Rock et Ordre Public: jusqu'où peut aller la liberté du rockeur?. In: W. Mastor, J. Marguénaud & F. Marchadier, eds. *Droit et Rock*. Paris: Dalloz, p. 51-63.
Beck, U., 2012. Sociedade de Risco. Rumo a uma Outra Modernidade. São Paulo: Editora 34.
Bennet, T. *et al*., 1993. Rock an Popular Music. Politics. Policies. Institutions. London and New York: Routledge.

Bioy, X., 2011. Présidence de la Table ronde Rock et subversion. In: W. Mastor, J. Marguénaud & F. Marchadier, eds. *Droit et Rock*. Paris: Dalloz, p. 45-49.

Bobbio, N., 2004. *A Era dos Direitos*. Rio de Janeiro: Campus.

Bonavides, P. & Andrade, P. d., 1991. *História Constitucional do Brasil*. 3ª ed. São Paulo: Paz e Terra.

Bora, A., 2012. Capacidade de Lidar com o Futuro e Responsabilidade por Inovações para o trato social com a temporalidade complexa. In: G. Schwartz, ed. *Juridização das Esferas Sociais e Fragmentação do Direito na Sociedade Contemporânea*. Porto Alegre: Livraria do Advogado, p. 127-136.

Borch, C., 2011. *Niklas Luhmann*. New York: Routledge.

Bourdieu, P., 1996. *As Regras da Arte*. São Paulo: Companhia das Letras.

Bralic, C. A., 2006. La Obra Musical como Punto de Vista. Análisis sistémico sobre la "Música Contemporánea". In: I. Farías & J. Ossandón, eds. *Observando Sistemas: neuvas apropriaciones y usos de la teoria de Niklas Luhmann*. Santiago: RIL Editores; Fundación Soles, p. 119-138.

Brandão, A., 2009. O Rock Brasileiro dos 80: a relação rock e política na "década perdida". *ANPUH – XXV Simpósio Nacional de História*, p. 1-7.

Calvo Gonzáles, J., 2005. Harmonías Jurídicas. Algunas notas (musicales) sobre Derecho y Justicia. *Revista del Ilustre Colegio de Abogados de Málaga*, Volume 156, p. 50-53.

——, 2012. *Occasio Iuris: estuche de miniaturas y extravagantes*. Florianópolis: Funjab.

Campos, A., 2012. *Comissão Nacional da Verdade e a Operação Condor*. São Paulo: IMC/Carpe Diem.

Canotilho, J. J. G., 1999. *Estado de Direito. Cadernos Democráticos.v. 07.*. Lisboa: Fundação Mário Soares e Gradiva.

——, 2006. *Brancosos e Interconstitucionalidade. Itinerários dos Discursos sobre História Constitucional.*. Coimbra: Almedina.

Carvalho, M. V. d., 2005. Série, alea e autopoiesis. In: J. M. Santos, ed. *O Pensamento de Niklas Luhmann*. Covilhã: Universidade da Beira Interior, p. 165-184.

Carvalho, S. d., 2011. Das Subculturas Desviantes ao Tribalismo Urbano (Itinerários da Criminologia Cultural Através do Movimento Punk). In: A.G., M. Mayora, M. Pinto Neto & S. d. Carvalho, eds. *Criminologia Cultural e Rock*. Rio de Janeiro: Lumen Juris, p. 149-218.

Castells, M., 2012. *Networks of Outrage and Hope. Social Movements in the Internet Age*. Cambridge: Polity Press.

Cazuza, 1985. *Rock da Descerebração*. [Gravação de Som] (Som Livre).

——, 1988. *Brasil*. [Gravação de Som] (Universal Music Brasil).

——, 1989. *Burguesia*. [Gravação de Som] (Polygram).

Corrêa, G. H., 2012. Fundamentos que Norteiam a Construção do Estado Democrático de Direito à Luz da Evolução do Constitucionalismo. *SJRJ*, 19(n.35), p. 191-203.

Costa, R. A. d., 2011. Cultura do Medo e Espaço Urbano: um olhar reflexivo sobre a sensação social de insegurança. In: G. Schwartz & A. N. Fernández, eds. *Cultura e Identidade em Tempo de Transformações: reflexões a partir da teoria do direito e da sociologia*. Curitiba: Juruá, p. 219-240.

Costa, T., 2012. O Debate Constituinte: uma linguagem democrática?. *Lua Nova*, Volume 87, p. 89-140.

CPM22, 2011. *Abominável*. [Gravação de Som] (Perfomance).

——, 2011. *Filme que eu Nunca Vi*. [Gravação de Som] (Performance).

——, 2011. *Março 76*. [Gravação de Som] (Perfomance).

——, 2011. *Na Medida Certa*. [Gravação de Som] (Performance).

——, 2011. *Sofridos e Excluídos*. [Gravação de Som] (Performance).

Cunha, P. F. d., 2007. *Constituição, Crise e Cidadania*. Porto: Livraria do Advogado.

Dantas, I., 2001. *O Valor da Constituição*. Rio de Janeiro: Renovar.

Dapieve, A., 2000. *Brock: O Rock Brasileiro dos Anos 80*. 3ª. 2ª reimpressão. ed. São Paulo: 34.

Davies, C. L., 1993. Aboriginal Rock Music: Space and Place. In: *Rock and Popular Music. Politics. Policies. Institutions.*. London and New York: Routledge, p. 247-263.

Doors, T., 1967. *The End.* [Gravação de Som] (Elektra).

Ducray, F., 2011. Que faut-il entendre para <<musique rock>>?. In: M. Wanda, J. Marguénaud & M. Fabien, eds. *Droit et Rock.* Paris: Dalloz, p. 11-27.

Dussart, V., 2011. Entre protection et répression: existe-t-il une fiscalité du rockeur?. In: W. Mastor, J. Marguénaud & F. Marchadier, eds. *Droit et Rock.* Paris: Dalloz, p. 121-129.

Dworkin, R., 2004. *O Império da Lei.* São Paulo: Martins Fontes.

Falcão, J., 2013. Mensalão. Diário de um Julgamento.Supremo, Mídia e Opinião Pública. Rio de Janeiro: Elsevier.

Febbrajo, A., 2013. Introduction. In: A. Febbrajo & G. Harste, eds. *Law and Intersystemic Communication.* Surray: Ashgate, p. 1-16.

Ferraz Jr, T. S., 1980. Apresentação. In: N. Luhmann, ed. *Legitimação pelo Procedimento.* Brasília: UnB, p. 1-6.

Fresno, 2010. *Quando eu Crescer.* [Gravação de Som] (Arsenal Music).

——, 2012. *Cativeiro.* [Gravação de Som] (Tratore).

——, 2012. *Diga (Parte 2).* [Gravação de Som] (Tratore).

——, 2012. *Homem ao Mar.* [Gravação de Som] (Tratore).

——, 2012. *Sujetska.* [Gravação de Som] (Tratore).

Frith, S., 1993. Bennet, Thony; Frith, Simon; Grossberg, Lawrence; Shepherd, John; Turner, Graeme. In: *Rock And Popular Music. Politics. Policies. Institutiions..* London and New York: Routledge, p. 15-24.

García, J. I. M., 2002. El Derecho como Ritmo de la Vida Social. *Derechos Y Libertades,* Volume 7, p. 501-534.

Garcia, K., 2011. De Roxanne à Maria: rock et droit des femmes. In: W. Mastor, J. Marguénaud & F. Marchadier, eds. *Droit et Rock.* Paris: Dalloz, p. 181-189.

Giménez Alcóver, P., 1993. El Derecho en la Teoría de la Sociedade de Niklas Luhmann. Barcelona: J. M. Bosch.

Giorgi, R. d., 1998. Direito, Democracia e Risco. Vínculos com o Futuro. Porto Alegre: SAFE.

Grant, M., Möllemann, M. I., Münz, S. C. & Nuxoll, C., 2010. Music and Conflict: Interdisciplinary Perspectives. *Interdisciplinary Science Reviews,* Volume 2, p. 183-198.

Grossberg, L., 1993. The Framing of Rock: Rock and the New Conservatism. In: *Rock and Popular Music. Politics. Policies. Institutions..* London and New York: Routledge, p. 193-208.

Guibentif, P., 2010. Foucault, Luhmann, Habermas, Bourdieu. Une Génération Repense le Droit. Paris: L.G.D.J..

Hawaii, E. d., 1995. *Promessa.* [Gravação de Som] (BMG).

Hein, F., 2011. Le rock, une musique subversive?. In: W. Mastor, J. P. Marguénaud & F. Marchadier, eds. *Droit et Rock.* Paris: Dalloz, p. 31-44.

Holm-Hudson, K., 2006. Foreword. In: *Rock And Roll.* New York: Facts on File, p. ix-xi.

HotBrasil 100, 2013. *Hot Brasil 100.* [*Online*] Disponível em: <http://hot100brasil.com/timemachinemain.html>. Acesso em 29 Set. 2013.

Inicial, C., 1986. *Cavalheiros.* [Gravação de Som] (Polygram).

——, 1986. *Fátima.* [Gravação de Som] (Polygram).

——, 1986. *Psicopata.* [Gravação de Som] (Polygram).

——, 1986. *Veraneio Vascaína.* [Gravação de Som] (Polygram).

——, 1987. *Autoridades.* [Gravação de Som] (Polygram).

——, 1988. *Ficção Científica.* [Gravação de Som] (Polygram).

——, 1989. *Todos os Lados.* [Gravação de Som] (Polygram).

Ira, 1985. *Ninguém Precisa da Guerra.* [Gravação de Som] (WEA).

——, 1985. *Núcleo Base.* [Gravação de Som] (WEA).

——, 1988. *Advogado do Diabo.* [Gravação de Som] (Warner).

——, 1988. *Rubro Zorro.* [Gravação de Som] (Warner).

King, M., 2009. A Verdade sobre a Autopoiese no Direito. In: L. S. Rocha, M. King & G. Schwartz, eds. *A Verdade sobre a Autopoiese no Direito.* Porto Alegre: Livraria do Advogado, p. 41-98.

——, 2009. *Systems, not People, make Society Happen*. London: Holcombe.
——, Rocha, L. S. & Schwartz, G., 2009. *A Verdade Sobre a Autopoiese no Direito*. Porto Alegre: Livraria do Advogado.
Konzen, L., 2013. *Norms and Space. Understanding Public Space Regulation in the Touristic City*.. Lund: Lund University.
Kubacka, K., 2012. *Country Note. Brazil*, s.l.: OEC Publishing.
Linck, J. A., Mayora, M., Pinto Neto, M. & Carvalho, S. d., 2011. *Criminologia Cultural & Rock*. Rio de Janeiro: Lumen Juris.
Lopes Jr., A., 2007. *Direito Processual Penal e sua Conformidade Constitucional*. Volume I.. Rio de Janeiro: Lumen Juris.
Lopes, A. M. D., 2006. A Cidadania na Constituição Federal Brasileira de 1988: redefinindo a participação política. In: P. Bonavides, F. G. M. d. Lima & F. S. Bedê, eds. *Constituição e Democracia. Estudos em Homenagem ao Professor J.J. Gomes Canotilho*. São Paulo: Malheiros, p. 21-34.
Lopes, M. S., 2006. *Uma metáfora: música e direito*. São Paulo: LTr.
——, 2012. Os Juízes no Espelho: ver e ser visto.. In: C. Grüne, ed. *Samba no Pé e Direito na Cabeça*. São Paulo: Saraiva, p. 103-117.
Luhmann, N., 1976. The Future Cannot Begin: Temporal Structures in Modern Society. *Social Research*, Volume 43, p. 130-152.
——, 1980. *Legitimação pelo Procedimento*. Brasília: UnB.
——, 1983. *Sociologia do Direito I e II*. Rio de Janeiro: Tempo Brasileiro.
——, 1985. *Poder*. Brasília: UnB.
——, 1990. A Posição dos Tribunais no Sistema Jurídico. *Ajuris*, Volume 49, p. 149-168.
——, 1990. *La Differenziazione del Diritto*. Milano: Il Mulino.
——, 1990. *Sociedad y Sistema. La ambición de la teoria.*. Barcelo: Buenos Aires: Ciudad de México: Paidós: ICE de la Universidad Autónoma de México.
——, 1995. La Constitution Comme Acquis Évolutionnaire. *Droits – Revue Française de Théorie Juridique*, p. 103-125.
——, 1996. A Obra de Arte e a Auto-Reprodução da arte. In: H. K. Olinto, ed. *Histórias da Literatura*. São Paulo: Ática, p. 241-272.
——, 1997. *Das Recht der Gesellschaft*. Frankfurt: Surhkampf.
——, 1997. *Die Kunst der Gesselschaft*. Frankfurt: Suhrkampf.
——, 1997. *Observaciones de la Modernidad*. Barcelona: Paidós.
——, 1997. *Organización y Decisión. Autopoiesis, Acción y Entendimiento Comunicativo*. Barcelona: México: Santiago de Chile: Anthropos; Universidad Iberoamericana; Instituto de Sociologia. Pontifícia Universidad Católica de Chile .
——, 1997. *Sociologia del Riesgo*. México: Triana.
——, 1997. *Teoría Política en el Estado de Bienestar*. Madrid: Alianza Editorial.
——, 1998. *Sistemas Sociales. Lineamientos para una teoría general*. 2° ed. Ciudad de México: Santafé de Bogotá: Anthropos: Universidad Iberoamericana: CEJA.
——, 1999. El Arte como Mundo. *Teoría de los Sistemas Sociales II*, p. 9-65.
——, 1999. *Politique et Complexité*. Paris: Les Éditions du Cerf.
——, 2000. *Art as a Social System*. California: Stanford University Press.
——, 2002. *Theories of Distinction. Redescribing the Descriptions of Modernity*. Stanford: Stanford University Press.
——, 2004. A Restituição do décimo-segundo camelo: do sentido de uma análise sociológica do Direito. In: A. Arnaud & D. Lopes Jr, eds. *Niklas Luhmann: do Sistema Social à Sociologia Jurídica*. Rio de Janeiro: Lumen Juris, p. 33-108.
——, 2004. A Restituição do Décimo-Segundo Camelo: do sentio de uma análise sociológica do Direito. In: A. Arnaud & D. Lopes Jr., eds. *Niklas Luhmann: do sistema social à sociologia jurídica*. Rio de Janeiro: Lumen Juris, p. 33-108.
——, 2005. *A Realidade dos Meios de Comunicação*. São Paulo: Paulus.

——, 2006. *A Improbabilidade da Comunicação*. 4ª ed. Lisboa: Vega.
——, 2007. *La Sociedad de la Sociedad*. México: s.n.
——, 2007. *La Sociedade da la Sociedad*. México: Herder.
——, 2009. *Introdução à Teoria dos Sistemas*. Petrópolis: Vozes.
Magnon, X., 2011. La vision de la justice dans les chanson de Bob Dylan (1962-2001). In: W. Mastor, J. Marguénaud & F. Marchadier, eds. *Droit et Rock*. Paris: Dalloz, p. 65-78.
Manderson, D., 2000. *Songs Without Music: Aesthetic Dimensions of Law and Justice*. Berkeley and Los Angeles: University of California Press.
Marchadier, F., 2011. Des vrais et des faux rockeurs engagés. In: W. Mastor, J. Marguénaud & F. Marchadier, eds. *Droit et Rock*. Paris: Dalloz, p. 169-179.
Marco, A. d., 2005. Os Princípios Constitucionais no Ordenamento Jurídico Brasileiro e a Aplicação da Teoria dos Sistemas. In: G. Schwartz, ed. *Autopoiese e Constituição. Os Limites da Hierarquia e as Possibilidades da Circularidade.*. Passo Fundo: UPF, p. 27-82.
Marguénaud, J.-P., 2011. Rapport Introductif. In: M. Wanda, J. Marguénaud & F. Marchadier, eds. *Droit et Rock*. Paris: Dalloz, p. 1-10.
Marisi, F., 2011. Interpretación Musical y Interpretación Constitucional: una comparación. *Iuris Omnes. Revista de la Corte Superior de Justicia de Arequipa,* Volume XIII, p. 187-194.
Martolio, E., 2012. *Rolling Stones Brasil*. [*Online*] Disponível em: <http://rollingstone.uol.com.br/edicao/edicao-68/o-rock-argentino-pre-guerra>. Acesso em 13 Out. 2013.
Mastor, W., 2011. Les rockeurs et la guerre du Vietnam. In: W. Mastor, J. Marguénaud & F. Marchadier, eds. *Droit et Rock*. Paris: Dalloz, p. 159-167.
Mayora, M., 2011. Criminologia Cultural, Drogas & Rock And Roll. In: A.G., M. Mayora, M. Pinto Neto & S. d. Carvalho, eds. *Criminologia Cultura e Rock*. Rio de Janeiro: Lumen Juris, p. 49-94.
Mello, C. A., 2004. *Democracia Constitucional e Direitos Fundamentais*. Porto Alegre: Livraria do Advogado.
Millard, É., 2011. I Fought the Law. In: W. Mastor, J. Marguénaud & F. Marchadier, eds. *Droit et Rock*. Paris: Dalloz, p. 193-200.
Moeller, H.-G., 2012. *The Radical Luhmann*. New York: Columbia University Press.
Morrison, C., 2006. *Rock and Roll*. New York: Facts on File.
Moureau, N., 2011. Vers une nouvelle économie de la propriété intellectuelle: le marché, le web et le rockeur. In: W. Mastor, J. Marguénaud & F. Marchadier, eds. *Droit et Rock*. Paris: Dalloz, p. 131-147.
Muggiati, R., 1985. *Rock. Da Utopia à Incerteza (1967-1984)*. São Paulo: Brasiliense.
——, 1985. *Rock. De Elvis à Beatlemania (1954-1966)*. São Paulo: Brasiliense.
Naffarate, J. T., 2004. *Luhmann: la política como sistema*. México: Universidad Iberoamericana; Facultade de Ciencias Políticas y Sociales; UNAM; FCE.
Nehring, N., 1993. Rock Around the Academy. *American Literary History,* Volume 5, p. 764-791.
Neves, M., 2007. *A Constitucionalização Simbólica*. São Paulo: Martins Fontes.
——, 2012. *Transconstitucionalismo*. 2ª tiragem ed. São Paulo: Martins Fontes.
Nicaud, B., 2011. Sexe, drogue & rock'n'roll: faut-il protéger l'auditer du discours rock?. In: W. Mastor, J. Marguénaud & F. Marchadier, eds. *Droit et Rock*. Paris: Dalloz, p. 93-105.
Nobles, R. & Schiff, D., 2013. *Observing Law Through Systems Theory*. Oxford and Portland: Hart Publishing.
Olteteanu, I., 2011. The Social Ontology of Music. *Contemporary Readings in Law and Social Justice,* Volume 3 (2), p. 254-259.
Ommati, J. E. M., 2013. *Teoria da Constituição*. 2ª ed. Rio de Janeiro: Lumen Juris.
Ost, F., 1999. *O Tempo do Direito*. Lisboa: Piaget.
Palazchenko, P., 1997. *My Years with Gorbachev and Shevardnadze*. Pennsylvania: University Park: Pennsylvania State University Press.
Pearce, R. G., Danitz, B. & Leach, R. S., 2005. Revitalizing the Lawyer-Poet: What Lawyers Can Learn From Rock and Roll. *Widener Law Journal,* Volume 14, p. 907-922.

Philippopoulos-Mihalopoulos, A., 2010. *Niklas Luhmann. Law, Justice, Society*. New York: Routledge.

Piccoli, E., 2008. *Que Rock é Esse? A História do Rock Brasileiro Contada por Alguns de seus Ícones*. Rio de Janeiro: Multishow: Globo.

Pinto Neto, M., 2011. Itinerários Errantes do Rock: dos Beatles ao Radiohead. In: A.G., M. Mayora, M. Pinto Neto & S. d. Carvalho, eds. *Criminologia Cultural e Rock*. Rio de Janeiro: Lumen Juris, p. 95-148.

Platão, 1999. *Diálogos*. Madrid: Gredos.

Podgórecki, A., 1974. *Law and Society*. London and Boston: Routledge.

Poiger, U. G., 1996. Rock'n'Roll, Female Sexuality, and the Cold War Battle over German Identities. *The Journal of Modern History*, Volume 3, p. 577-616.

Rabault, H., 2012. Un Monde Sans Réalité? Em compagnie de Niklas Luhmann: epistemologie, politique et droit. Laval: Presses de L'Université Laval.

Reid, A., 2012. The Power of Music: Applying First Ammendment Scrutiny to Copyright Regulation of Internet Radio. *Texas Intellectual Property Law Journal*, Volume 20, p. 230-279.

Restart, 2011. *Nosso Rock*. [Gravação de Som] (Radar Records).

Richards, K., 2010. *Vida*. São Paulo: Globo.

Richmond, Y., 2005. Cultural Exchange and the Cold War: How the Arts Influenced Policy. *The Journal of Arts Management, Law, and Society*, Volume Fall, p. 235-245.

Rigor, U. a., 1985. *Inútil*. [Gravação de Som] (Polygram).

—, 1985. *Nós Vamos Invadir sua Praia*. [Gravação de Som] (Warner Music).

—, 1987. *Pelado*. [Gravação de Som] (WEA).

—, 1987. *Ponto de Ônibus*. [Gravação de Som] (WEA).

—, 1987. *Prisioneiro*. [Gravação de Som] (WEA).

—, 1987. *Sexo*. [Gravação de Som] (WEA).

Rocha, L. S., 1997. Introdução. In: L. S. Rocha, ed. *Paradoxos da Auto-observação: Percursos da Teoria Jurídica Contemporânea*. Curitiba: JM, p. 17-33.

—, 1998. *Epistemologia Jurídica e Democracia*. São Leopoldo: Unisinos.

—, Schwartz, G. & Clam, J., 2013. *Introdução à Teoria do Sistema Autopoiético do Direito*. 2ª ed. Porto Alegre: Livraria do Advogado.

Rolling Stone Brasil, 2007. *Rolling Stone Brasil*. [Online]. Disponível em: <http://rollingstone.uol.com.br/galeria/os-100-maiores-discos-da-musica-brasileira/#imagem0>. Acesso em 20 Set. 2013.

RPM, 1985. *Juvenília*. [Gravação de Som] (EPIC).

—, 1985. *Rádio Pirata*. [Gravação de Som] (EPIC).

—, 1985. *Revoluções Por Minuto*. [Gravação de Som] (EPIC).

—, 1988. *O Teu Futuro Espelha essa Grandeza*. [Gravação de Som] (EPIC).

Rude, P., 1985. *Até Quando Esperar*. [Gravação de Som] (EMI).

—, 1985. *Proteção*. [Gravação de Som] (EMI).

—, 1987. *48*. [Gravação de Som] (EMI).

—, 1987. *Censura*. [Gravação de Som] (EMI).

—, 1987. *Códigos*. [Gravação de Som] (EMI).

—, 1988. *A Serra*. [Gravação de Som] (EMI).

—, 1988. *Plebiscito*. [Gravação de Som] (EMI).

—, 1988. *Repente*. [Gravação de Som] (EMI).

—, 1988. *Um Outro Lugar*. [Gravação de Som] (EMI).

—, 1988. *Plebiscito*. [Gravação de Som] (EMI).

Rutten, P., 1993. Popular Music Policy: a Contested Area – The Dutch Experience. In: *Rock and Popular Music. Politics. Policies. Institutions..* London and New York: Routledge, p. 37-50.

Santos, B. d. S., 1988. *O Discurso e o Poder. Ensaio sobre a Sociologia da Retórica Jurídica*. 2ª reimpressão ed. Porto Alegre: SAFE.

Sarlet, I., 2013. *A Eficácia dos Direitos Fundamentais*. Porto Alegre: Livraria do Advogado.

——, 2001. *Dignidade da Pessoa Humana e Direitos Fundamentais na Constituição Federal de 1988*. Porto Alegre: Livraria do Advogado.

Schwarcz, L. M., 2001. *Racismo no Brasil*. São Paulo: Publifolha.

Schwartz, G., 2001. *Direito à Saúde*: efetivação em uma perspectiva sistêmica. Porto Alegre: Livraria do Advogado.

——, 2003. Gestão Compartida Sanitária no Brasil: possibilidade de efetivação do direito à saúde. In: G. Schwartz, ed. *A Saúde sob os Cuidados do Direito*. Passo Fundo: UPF Editora, p. 108-162.

——, 2004. *Autopoiese e Constituição*. Passo Fundo: UPF.

——, 2004. *O Tratamento Jurídico do Risco no Direito à Saúde*. Porto Alegre: Livraria do Advogado.

——, 2006. *A Constituição, a Literatura e o Direito*. Porto Alegre: Livraria do Advogado.

——, 2007. A Autopoiese dos Direitos Fundamentais. In: E. H. Macedo, L. Ohlweiler & W. Steinmetz, eds. *Direitos Fundamentais*. Canoas: Editora da Ulbra, p. 41-56.

——, 2012. A Juridicização das Esferas Sociais e a Fragmentação do Direito na Sociedade Contemporânea. Porto: Livraria do Advogado.

Soares, L. E., 2011. *Elite da Tropa*. Rio de Janeiro: Ponto de Leitura.

Son, M.-J., 2012. And Odyssey for Korean Rock: From Subversive to Patriotic. *Asian Music*, Volume 43, p. 47-70.

Spitz, B., 2007. *The Beatles. A Biografia.*. São Paulo: Larousse.

Streck, L., 2002. Jurisdição Constitucional e Hermenêutica. Uma Nova Crítica do Direito. Porto Alegre: Livraria do Advogado.

Streck, L. L., 2001. Hermenêutica Jurídica e(m) Crise. Uma exploração Hermenêutica da Construção do Direito.. 3ª edição. Revista. ed. Porto Alegre: Livraria do Advogado.

Strike, 2010. *Dogtown Style*. [Gravação de Som] (Deckdisc).

——, 2012. *Fluxo Perfeito*. [Gravação de Som] (Som Livre).

——, 2012. *Fora da Lei*. [Gravação de Som] (Som Livre).

Sucesso, P. d., 1983. *Patrulha Noturna*. [Gravação de Som] (EMI).

——, 1986. *Alagados*. [Gravação de Som] (EMI).

——, 1986. *Selvagem*. [Gravação de Som] (EMI).

——, 1988. *O Beco*. [Gravação de Som] (EMI).

——, EMI. *Perplexo*. [Gravação de Som] (1989).

Szymczak, D., 2011. Roch, anarchie et nihilisme: la subversion via l'exemple de la new wave punk. In: W. Mastor, J. Marguénaud & F. Marchadier, eds. *Droit et Rock*. Paris: Dalloz, p. 79-92.

Teubner, G., 1989. *O Direito como Sistema Autopoiético*. Lisboa: Calouste Gulbenkian.

——, 2012. Autoconstitucionalização de Corporações Transnacionais? Sobre a Conexão entre os Códigos de Conduta Corporativos (Corporates Codes of Conduct) Privados e Estatais. In: G. Schwartz, ed. *Juridicização das Esferas Sociais e Fragmentação do Direito na Sociedade Contemporânea*. Porto Alegre: Livraria do Advogado, p. 109-126.

——, 2012. *Constitutional Fragments. Societal Constitucionalism and Globalization*. Oxford: Oxford University Press.

——, 2012. *Nuovi Conflitti Costituzionali*. Milano: Torino: Pearson Italia.

Titãs, 1984. *Marvin*. [Gravação de Som] (WEA).

——, 1985. *Não vou me Adaptar*. [Gravação de Som] (WEA).

——, 1985. *O Homem Cinza*. [Gravação de Som] (WEA).

——, 1986. *Estado Violência*. [Gravação de Som] (WEA).

——, 1986. *Igreja*. [Gravação de Som] (WEA).

——, 1986. *Polícia*. [Gravação de Som] (WEA).

——, 1987. *Comida*. [Gravação de Som] (WEA).

——, 1987. *Desordem*. [Gravação de Som] (WEA).

——, 1987. *Não sou de Lugar Nenhum*. [Gravação de Som] (WEA).
——, 1987. *Violência*. [Gravação de Som] (WEA).
——, 1989. *Miséria*. [Gravação de Som] (WEA).
——, 1989. *O Pulso*. [Gravação de Som] (WEA).
Tonet, F., 2013. Reconfigurações do Constitucionalismo. Evolução e Modelos Constitucionais Sistêmicos na Pós-Modernidade. Rio de Janeiro: Lumen Juris.
Tournepiche, A.-M., 2011. Rock et promotion de la démocratie. In: W. Mastor, J. Marguénaud & F. Marchadier, eds. *Droit et Rock*. Paris: Dalloz, p. 151-158.
Tricoire, E., 2011. L'image du rockeur. In: W. Mastor, J. Marguénaud & F. Marchadier, eds. *Droit et Rock*. Paris: Dalloz, p. 109-119.
Trindade, A. F. d. R., 2005. Autopoiese da União Europeia: a organização circular do sistema jurídico europeu. In: G. Schwartz, ed. *Autopoiese e Constituição*. Passo Fundo: UPF, p. 113-187.
Trindade, A. & Schwartz, G., 2008. Direito e Literatura. O Encontro entre Themis e Apolo.. Curitiba: Juruá.
Urbana, L., 1985. *Geração Coca-Cola*. [Gravação de Som] (EMI).
——, 1985. *Música Urbana*. [Gravação de Som] (EMI).
——, 1985. *O Reggae*. [Gravação de Som] (EMI).
——, 1985. *Petróleo*. [Gravação de Som] (EMI).
——, 1986. *Fábrica*. [Gravação de Som] (EMI).
——, 1986. *Índios*. [Gravação de Som] (EMI).
——, 1986. *Metrópole*. [Gravação de Som] (EMI).
——, 1987. *Que País É Este?*. [Gravação de Som] (EMI).
Veríssimo, L. F., 2009. Prefácio. In: A Ditadura de Segurança Nacional no Rio Grande do Sul. 1964-1985. O Fim da Ditadura e o Processo de Redemocratização.. Porto Alegre: Corag, p. 21-22.
Vila, P., 1989. Argentina's Rock Nacional: The Struglle for Meaning. *Latin American Music Review*, Volume 10, p. 1-28.
Wall, M., 2009. Led Zeppelin. Quando os Gigantes Caminhavam sobre a Terra.. São Paulo: Larousse.
Warat, L. A., 1995. *O Direito e sua Linguagem*. 2ª ed. Porto Alegre: Safe.
——, 2004. *Territórios Desconhecidos*: a procura surrealista pelos lugares do abandono dos sentidos e da reconstrução da subjetividade. Florianópolis: Boiteux.
Wicke, P. & Shepherd, J., 1993. "The Cabaret is Dead": Rock Culture as Enterprise – The Political Organization of Rock in Easter Germany. In: *Rock and Popular Music. Politics. Policies. Institutions.*. London and New York: Routledge, p. 25-35.
Zero, N., 2011. *A Melhor Parte de Mim*. [Gravação de Som] (Universal Music).
——, 2011. *Só Rezo 0.2*. [Gravação de Som] (Universal Music).
——, 2012. *Guerra por Paz*. [Gravação de Som] (Universal Music).
——, 2012. *Hoje o Céu Abril*. [Gravação de Som] (Universal Music).

8. Anexo – *websites* das Bandas BRock

BANDA / ARTISTA	WEBSITE
14º Andar	http://pt.wikipedia.org/wiki/14%C2%BA_Andar
Aborto Elétrico	http://blogfilhosdarevolucao.wordpress.com/tag/aborto-eletrico/
Barão Vermelho	http://www.barao.com.br/
Biquini Cavadão	http://www.biquini.com.br/
Blitz	http://www.blitzmania.com.br/site/
Brylho	http://pt.wikipedia.org/wiki/Brylho
Camisa de Vênus	http://myspace.com/camisadevenus
Capital Inicial	http://capitalinicial.uol.com.br/
Cascavelletes	http://www.myspace.com/cascavelletes
Cazuza	http://www.cazuza.com.br/
De Falla	http://www.defalla.org/
Detrito Federal	facebook.com/detritofederal
Dr. Silvana e Cia	http://www.drsilvana.com/
Eduardo Dusek	http://blogdodussek.blogspot.com.br/
Engenheiros do Hawaii	http://www2.uol.com.br/engenheirosdohawaii/
Espírito da Coisa	http://www.kboing.com.br/espirito-da-coisa/
Finis Africae	http://pt.wikipedia.org/wiki/Finis_Africae
Gang 90 e as Absurdettes	http://pt.wikipedia.org/wiki/Gang_90_e_as_Absurdettes
Garotos da Rua	http://www.garotosdarua.com.br/
Garotos Podres	http://garotospodres.com.br/
Hanói-Hanói	http://cliquemusic.uol.com.br/artistas/hanoi-hanoi.asp
Heróis da Resistência	http://www.leoni.art.br/
Herva Doce	http://pt.wikipedia.org/wiki/Herva_Doce
Hojerizah	http://www.kboing.com.br/hojerizah/
Inimigos do Rei	http://www.inimigosdorei.com.br/
Inocentes	http://www.inocentes.com.br/
Ira!	http://www.grupoira.50webs.com/
João Penca e seus Miquinhos Amestrados	http://pt.wikipedia.org/wiki/Jo%C3%A3o_Penca_e_Seus_Miquinhos_Amestrados
Kid Abelha	http://www.kidabelha.com.br/

Kiko Zambianchi	http://www2.uol.com.br/kikozambianchi/
Legião Urbana	http://www.legiaourbana.com.br/
Léo Jaime	http://www.leojaime.com.br/site/conteudo/index.php
Lobão e os Ronaldos	http://www.kboing.com.br/lobao-e-os-ronaldos/
Lulu Santos	http://www.lulusantos.com.br/
Magazine	http://pt.wikipedia.org/wiki/Magazine_%28banda_brasileira%29
Metrô	http://www.metrobr.com/
Nenhum de Nós	http://www.nenhumdenos.com.br/
Paralamas do Sucesso	http://www2.uol.com.br/paralamas/
Picassos Falsos	http://www.picassosfalsos.com.br/
Plebe Rude	http://www.pleberude.com.br/
Rádio Táxi	http://www.radiotaxiweb.com.br/
Replicantes	http://www.myspace.com/osreplicantes
Ritchie	http://www.ritchie.com.br/
RPM	http://www.rpm.art.br/
Sempre Livre	http://www.bandasemprelivre.com/
Sepultura	http://www.sepultura.com.br/
Titãs	http://titas.net/
TNT	http://www.charlesmaster.com.br/
Tokyo	http://cliquemusic.uol.com.br/artistas/ver/tokyo
Ultraje a Rigor	http://www.ultraje.com
Uns e Outros	http://www.unseoutros.com/
Violeta de Outono	http://www.violetadeoutono.com.br/
Zero	http://www.bandazero.com/